销售高手的
18项关键

钱敏◎著

中国友谊出版公司

图书在版编目（CIP）数据

销售高手的18项关键/钱敏著.——北京：中国友谊出版公司，2021.10
ISBN 978-7-5057-5299-3

Ⅰ.①销… Ⅱ.①钱… Ⅲ.①销售－方法 Ⅳ.① F713.3

中国版本图书馆CIP数据核字(2021)第164765号

书名	销售高手的18项关键
作者	钱敏
出版	中国友谊出版公司
发行	中国友谊出版公司
经销	新华书店
印刷	天津中印联印务有限公司
规格	710×1000毫米　16开
	13印张　155千字
版次	2021年10月第1版
印次	2021年10月第1次印刷
书号	ISBN 978-7-5057-5299-3
定价	49.80元
地址	北京市朝阳区西坝河南里17号楼
邮编	100028
电话	(010) 64678009

前　言

写一本讲"人话"的销售书

写一本关于如何做销售的书籍并不难，市场上类似的作品已浩如烟海，理论和实践都不缺，架构也差不多，只需添加一些个性化观点和案例即可。对读者来说，书架上又增添了一本销售书，但看后不久就忘了。搭建理论体系是教材的功能，不是本书的目标，大家从市场上买了书，读起来还那么费劲，就会很失望，我并不想写这样一本书。本书试图做到：从销售人员切身体验出发，讲一些读者能记得住、随手用得上的小知识，以有趣的案例和故事形式呈现，不求系统但求实效。若干年后，销售们回望走过的路，还能记住本书一些语句，其中一些故事在工作中发挥过作用，这就够了。

销售的概念非常宽泛，不过多年前，人们将所有销售从业人员统称为推销员。这是因为生活中、影视剧中推销员给人们留下的印象太深刻了，比如美国电影《奋斗的乔伊》中的拖把推销员；还有香港电影《麦兜·当当伴我心》中，春田花花幼儿园筹款晚会上的纳米清洁手套推销员，他的台词单调而无趣，毫无变化的语音催眠了台下甚至影院的观众。凡此种种，人们头脑中便将销售的角色固化下来，以为销售代表就是走街串巷推销手套、拖把的那帮人，因此对这个群体的印象颇为不佳。

一个"推"字，就体现了人们对这个职业的印象有多负面。没人喜欢被动的感觉，没人愿意被人推着走，何况是商业活动中掏钱的甲方。

如果人们对销售工作再多了解一些，就不会有那么大偏见。实际上面对面的2C（To Customer，面向终端用户）营销活动对个人素养挑战相当之大，要做好这份工作并不容易。有挑战的事才能赚大钱，当下2C业务改进了许多，面对面营销退居其次，主战场已经挪到线上。一位网红导购一天的营业额甚至上亿，人们对这些超级推销员的工作还相当羡慕。最近几年，各级政府的很多官员都为自己所在的行政区推销土特产，成为最高级别的推销员。另外，科学家们想要让自己的科研成果尽快走向市场，也离不开营销。这些推销活动不再是2C业务，而是2B（To Business，面向商业）甚至2G（To Government，面向政府）业务。

本书讨论的销售活动主要就是2B的业务。不过面对机构的销售行为在具体操作中仍然是与人打交道，因为任何机构业务的主管还是一个个的人，他们的情感、个人需求与作为C端的个体并无本质不同，所以许多销售人员的抬头都是客户经理（Account Manager或Customer Manager），在口语中都简称为销售，英文称呼为Sales。

本书要讲述的，就是一名普通销售人员从入门到精通，成为销售高手的过程。如果他已经成为一名销售经理（Sales Manager）或者销售总监（Sales Director），只要他的工作对象主要还是最终客户，或者还有自己独立的数字任务，本书的内容仍然适用。反之，如果他没有个人数字，而是背负整个团队、整个公司的任务，并且只是象征性地接触最终客户，本书的内容就未必适用。总之，成为一名优秀的销售代表，与成为管理者的逻辑并不完全一致，后者还与管理技巧、办公室政治等因素相关。在许多国际化的大公司，最优秀的技术人员、销售人员未必能晋升为公司领导或者部门总监，他们可能一直在一线，成为专家型人才，但职级、待遇与管理岗相当。

如何成为顶尖销售？我们常说销售业绩好不但要靠努力，还得靠悟性，悟性就是在工作中能领悟到一些道理，反过来指导自己的实践，如果能汲取他人既有的经验，无疑会大大加快这一步伐。因此除了销售实践之外，学习销售技巧、营销理论还是非常必要的。市面上多数销售相关书籍都是"泛讲"销售理论，案例也是各行业通用的，看起来受众面很广，但跟每个读者的自身实践差异太大，很难产生共鸣。我的想法是，既然销售的道理是相通的，不如专注某个熟悉的行业，把销售技巧、销售故事讲通讲透，其他行业的销售从业者一样可以从中得到启示。我最熟悉的行业便是IT了，而且主要是IT行业的政企客户市场，所以我决定先把这里面的故事讲好。

书中提到的政企客户，是国内的通俗说法，在IT领域一般指的就是除了运营商、个人用户以外的所有客户。外企一般将之称为Enterprise（企业级）客户。但在国内经常引起误解，人们很难理解政府单位也算作企业级客户，因此国内厂商一般称之为政企客户。其实政企这个说法同样容易被误解，除了运营商，除了政府、企业，还有学校、研究所、医院，这些公共事业单位也属于企业级客户。

企业级客户有一个共同特点，除了极少数小型的SMB（中小企业）之外，大多设有单独的信息中心/信息技术部，上有分管IT的副总/副局长，下有部门职员、工程师。部门的部长/经理/主任/总监，有时是分管 IT 的副总／副局长，通常被相关 IT 协会称作 CIO（首席信息官）。

  政企客户决策的核心人物一般来说就是 CIO。当然也有例外，比如有些民企，不论是购买 IT 系统还是采购其他物品，事无巨细往往都是大老板、董事长说了算；还有些政府机构，百万级以下的项目，主任、处长放手，科长、工程师说了就算。本书讲的就是销售如何与他们打交道的事，其中采用真实公司名的为实例，采用化名的均为改编过的虚拟故事，读者们请勿对号入座。

  我认为本书对甲乙双方来说都是适用的，虽然从销售角度出发，但甲方人员包括 CIO 们也很有必要读一读，看看来找你的乙方人员都在想什么呢？了解一点乙方的心思，才能少走弯路，既快又好地达成信息化建设目标。另外，有些甲方人员在其他项目中也有可能成为乙方，职场中角色互换也是常有的事。

  销售的理论、实践都是相通的，不同行业的采购行为也类似，本书虽然以 IT 业为背景讲述销售故事，但适合所有行业的销售、采购从业者。

  从广义的销售理念来看，社会中每个人都在推销自己，推销自己的才艺和观点，推销自己的理论和实践……因此本书也适合所有认可该理念的人们。

目　录

第一部分
正确理解"以客户为中心"

关键 1　如何快速成交第一单　　/ 003

关键 2　寻找客户的痛点　　/ 013

关键 3　怎样让客户说"人话"　　/ 023

关键 4　"三板斧"为什么管用　　/ 031

关键 5　要不要找客户的上级　　/ 042

关键 6　放弃比坚持更有利的四种情况　　/ 055

关键 7　像"拍拖"一样做销售　　/ 072

第二部分
销售的自我修养

关键 8　客户拜访与时间管理　　/ 087

关键 9　让内部报告和流程成为有力协助　　/ 092

关键 10　销售阶段管理　　/ 096

I

关键 11　内部沟通　　/ 111

关键 12　如何选择适合自己的平台　　/ 120

关键 13　维护自己的"地盘"　　/ 126

关键 14　将资源用在价值客户上，不要做老好人　　/ 137

关键 15　制订一个"永远涨"的销售任务　　/ 143

第三部分
销售避"坑"指南

关键 16　如何规避销售活动中的红线　　/ 149

关键 17　处理"压货"有方法　　/ 166

关键 18　女销售如何善用优势，回避劣势　　/ 173

后　记
没有永远的销售高手，要适时进阶转型　　/ 197

第一部分

正确理解"以客户为中心"

销售人员在工作中常会听到"以客户为中心""客户就是上帝"等各种口号。以客户为中心就是甲方说一不二吗？如果机械地理解该理念，销售人员迟早会陷入疲于应付的困境。视角不同，解决问题的方式也完全不同，甲方当然希望一个电话过去乙方什么要求都能满足。如何准确把握甲方核心诉求，根据己方有限的资源主动地提升客户满意度，从而提升业绩，才是销售高手的"处世之道"。

关键 1　如何快速成交第一单

新销售入职后的第一件正经事是接受培训。二十年前，IT 培训界多数讲师来自外企离职员工，比如 HP（惠普）、IBM（国际商业机器公司）、Compaq（康柏）、Cisco（思科）或咨询公司的销售代表、顾问，偶尔也有大学教授。我最近翻了翻书架上几本二十年前国内名校教授的市场营销类书籍，说实话已经没法看了，与如今的现实完全脱节不说，理论架构也是拼凑的，倒是几位外企讲师的 PPT 读起来意犹未尽，其中的许多要点至今适用，比如"Burning issue"（含义参见后文"技能 2"节）"说人话"，让我记忆犹新，所以我将结合自己的经历在后面的篇章里讲到这两个要点。

中规中矩的销售理论会告诉大家，销售的本质是实现价值，实现公司、客户和个人价值的完美统一。可越是政治正确的理论在实践中越难以操作，因为没有具体的行动指南。销售人员在一家公司里往往是最不循规蹈矩的群体，在销售培训时，台面上大家都会无比赞同以上观点，但台下都会窃窃私语："公司的价值？按那谁的大项目折扣执行下去，公司今年铁定亏损。""什么是个人价值？不就是奖金加提成嘛！""销售的本质不就是卖东西赚钱吗？扯这么多高大上的理论有什么用？能完成数字才是硬道理。""客户价值？我去年卖给客户的设备都没拆箱……"

宏观层面上的概念不会有尺度，执行起来就没有分寸，所以每家公司针对销售体系制定了自己的规章、权限、折扣体系，只要不突破这些底线，销售岗位跟其他职位比起来还算比较自由的。不过有的项目中要平衡好三方利益非常困难，往往会击穿这些底线，比如最近医疗行业的冠脉支架全国集采项目，价格就从1万多[①]直降到700多，医疗器械公司的价值被压缩到极致。IT行业中也有这样的例子，明明成本很高，也有自己的价格体系，可有的项目就是零元成交、一元成交。这么做的目标是为了后续项目，只要后续项目能拿下，供应商还能有收益。早期华为在运营商领域就是这么做的，不过2012年重归企业级市场之后就把这条路堵死了，不要说一般的销售，整个企业BG（业务组，事业部）都没有向客户赠送设备的权限，如果有人看到过赠送行为，那也是从其他项目中抠出来的。

由于有些新员工总想早日出业绩，变着法子把产品低价卖给客户，最好送给客户，美其名曰先做市场影响力，全然忘了专业化团队和产品对于用户的价值，所以主管们将权限收得很紧，不见兔子不撒鹰。那么新销售面对政企客户，在不了解产品，不了解市场，不熟悉内部人脉，甚至也没什么客户资源的情况下要多长时间才能出业绩呢？一般来说，需要半年或更长时间才能拿到有效订单。当然，领导或同事送的单子不算，太小的订单也不算。

说到新销售半年到一年出"有效"业绩，这是政企行业市场的一个统计结果，不管销售经理和HR们愿不愿意，都是一个事实。主要原因

[①] 若无特殊说明，本书涉及的货币单位皆为"元"。

有以下几个：一是政企行业决策流程很长，年度预算是前一年做好的，因此大一点的项目早就有方案和品牌意向了，新销售想要反转这样的项目难度很大；二是多数IT公司的解决方案都比较复杂，新员工要掌握方案的比较优势，在竞争中占据主动，需要时间；三是公司内部资源的调配也是项目成功的重要因素，新员工协调内部资源的难度比做客户工作更高，这也是甲方的顾虑所在。

开 单

十多年前，我在一家网络厂商公司负责某个沿海省份山区的销售工作，公司派来一位刚毕业的女大学生叫何丽，岗位是销售。帮她在办事处安顿下来之后，我就给总部的人力资源总监打了个电话，问公司是怎么考虑的，她的形象似乎不太合适做客户工作啊。HR总监听了便哈哈大笑，他说以何丽的容貌找工作可能比较困难，考虑到她虽然出身于农民家庭，但是人很积极进取，就招进来了，公司这么多部门总有适合她的岗位。不想几位大老板商议后竟然安排她做销售，老板们怎么想他管不了，但给何丽安排岗位时却犯了难。很多代表处都拒绝了，表示她"形象欠佳，万一吓着客户了怎么办？"HR总监又问道："你那边缺人有半年了吧？她应该很能吃苦，跑跑山区地市总可以吧……"

接下来我只好琢磨怎么安排何丽的工作。第一个月，我安排何丽陪同售前技术支持人员去见见老客户，可这些年轻帅气的小伙子都不愿带她出门。无奈，我只好安排她去跑地市，当年的山区不通高速公路，乘大巴或绿皮火车去偏远地市往往需要一整夜，有时还要换车，所以有些担心她的安全问题，不过小伙子们却说："没关系，她去哪儿都挺安全的。"

何丽却没有一句怨言，每次出差回来工作汇报都很详细，看得出来跑了不少客户，她还主动跑到一些山沟里的小县城，因为那里有价值客户——农村信用社。不过农信网络改造还未启动，出单要等来年，一段时间下来，她不免有些焦虑。销售人员有点儿焦虑很正常，但过于焦虑就会损伤自信，何况她外形条件并不占优势。我决定帮她一把，不过帮人也是一门学问，将到手的项目送给新人跟踪、签单，聪明的新人不会有成就感，傻一点儿的却以为生意很好做；可要是将一个难度较大的项目交给新人，丢单不说，会更加挫伤她的信心。

于是我选中了一个股份制中小银行省分行，说大不大说小不小的客户，交给何丽去跟踪。这个客户当下就有需求，它们要新开一批营业网点并增设一些街角 ATM，需要很多路由器，之前都采用的 Cisco 设备。窄带时代，线路与设备应用常常会碰到一些意想不到的问题，对服务的要求很高，正是我们本土厂商的优势所在。该分行 CIO 有洋品牌情结，一直不愿意开这个口子采购国产设备，我提了几次测试的请求他都没答应，去做他手下一位网络负责人的工作也没做通。我隐约觉得何丽更适合与这位网络负责人对接，因为对方是一位非常内向的女性，属于埋头苦干型，一般商家想跟她说两句话都挺难的。

果然，她与何丽非常投缘，很快就同意测试了。不到一个月，何丽完成了她销售生涯中的第一个订单，接下来该行所有的网点新增设备都采用了我们的产品。年底我与何丽一同登门答谢客户，中间有个空隙何丽不在场，客户悄悄对我说："知道你们为什么赢吗？我第一次见到何丽，就觉得她太不容易了，我得帮她出出业绩。所以我去找领导，说服他给你们机会，换了其他人我没必要这么做。为什么要换品牌？你们都不在总行的选型范围内，凭空多出来一些风险，领导还以为我有什么个人想法。现在领导也挺认可何丽的，觉得她很励志。当然你们服务也不错，所以你们的产品很快可以入围我们行了。"

当年何丽获得了"年度最佳新销售奖"，自信心获得极大提升，接下来的两年也做得挺好，一直到她离开公司。

有的人会问，她的起步之路如此顺利是不是因为运气呢？赶上了一个好时机，别人愿帮她而已。不错，任何成功都有机遇，客观条件不满足，自己再努力也没用，不过这么多人都愿意帮她，就不只是运气在发挥作用了。

她离开这家公司之后跟一个帅小伙结了婚，小伙子是个军人，转业后跟随她落户上海，然后他们立即在上海买房安家，这一切都发生在她大学毕业三年内。

对于新销售来说，一定要记住，客户选择你的理由可以有很多，但最重要因素永远只有一个：你对客户有价值。

要事第一，抓住主要矛盾，实现自己对于用户的价值最重要。在这个案例里，何丽对于用户的价值体现在两个方面：一是服务，当时，股份制商业银行正处于网点扩张期，原来的供应商难以适应网点的随叫随到服务模式，非核心领域采用国产设备是一个很好的选择；习惯了采购进口设备的客户得给自己找个台阶下，于是第二个用户价值就出现了，体现在甲方管理者自身的情感需求上，他们发现这么做还能够帮助到一个长得不好看的小姑娘，为什么不做呢？

这两个价值谁的作用更大呢？当然是第二个，在机构利益均可满足的前提下，个人诉求一定最敏感。国产设备也有很多厂家，服务好的也不少，原有供应商的服务也许可以提升，所以第一个价值并没有那么关键。在这个案例中，关键点在于何丽激发了客户的恻隐之心，从而赢得了订单。

有人说，我长得也不难看，也没什么其他缺点，似乎没有什么可以激发客户恻隐之心的，而且也不想把自己包装得惨兮兮，难道就不能凭实力"开和"吗？当然可以，凭实力拿下订单才是主流，这里只是举个特例，况且何丽也是具备实力的。新员工缺乏销售经验，对自家产品的把握和调配公司资源的能力都比老员工差一大截，勤快一点、谦虚一点、真诚一些，对客户示弱也许是个好办法。我再举一个例子。

塞翁失马

2013年，一个不仅仅是世界500强的网络通信公司上海代表处的新员工小马走上了销售岗位，他毕业于985大学，身材健硕，派驻代表处之前，在公司接受了一整年的培训，应该说公司平台和个人条件比何丽强太多了。

不过他的第一个项目却遭遇了滑铁卢。那是一家医院的网络改造项目，小马通过地毯轰炸式拜访得到信息，预算是100多万。客户表示：形势变了，所以本次采购国产设备优先。对于新销售来说，这是一个非常适合练手的项目。

小马严格按照标准销售流程来推进工作，公司推介，技术交流，安排售前写方案，带甲方参观公司展厅，在招标前和客户基本达成一致，客户也认可他推荐的集成商。标书发出后，技术参数和评分办法明显偏向自家产品，小马和医院信息中心主任都觉得项目应该问题不大了。此时，另有一家集成商找到了小马，说他们是医院的长期供应商之一，跟分管副院长很熟，只不过最近一年签的单少了点儿，希望能跟小马合作。

显然，这是竞争对手的合作伙伴看到招标文件后想临阵倒戈。怎么办？小马便一边请示客户，一边请教公司的老销售。主任建议小马不要拒绝对方，投标授权都得给，控制好价格就好。不过对方是老江湖，一拿到报价就知道小马没有支持自己，便找上门来，说价格没有竞争力，利润不足。小马一一汇报给主任，主任认为这家公司很没道理，前期什么工作都没做就想赚钱，还临阵倒戈，作风不够正派，就让小马坚决抵制。

老销售根据经验，提出了两个方案：一是放弃原有的集成商，跟这家公司合作。他认为小马没必要什么事都跟客户商量，拿下项目才是第一位的。因为小马找来的集成商在客户那边没有根基，所有的好感只是最近才建立，没有做成过生意的客户关系不牢靠。客户的品牌倾向加上老供应商的组合，项目肯定拿下。不过主任肯定会责怪小马为什么换供应商也不跟他商量，到时候把责任推给集成商就好，说他们恶意抢单。二是迷惑这家公司，给个实在价格，让对方感觉小马是在支持自己，然后暗度陈仓，让自己的合作伙伴投个超低价，中标后就说是擅自降价。这样做的缺点是出货价格低，需要申请特价，另外客户也会觉得我好端端给你一个项目，你干吗自己弄得"惨胜如败"？

小马陷入了苦恼中，这两个方案都可以确保自己拿下销售生涯中的第一单，成功就在眼前，然而两个方案都要说谎、得罪人，作为一个销售新人，这么做内心会很煎熬。

他一夜没睡好，第二天跑去客户那边坦诚地说出了自己的苦恼。主任军人出身，他对小马说："没关系，按既定方案去做，别搭理他们，我就不信他们能翻天！"显然，主任不喜欢那家集成商，不想小马让步，也不想让小马降价。

老销售知道后叹了一口气，喃喃地对小马说："行吧，客户第一，客户怎么说，我们就怎么做。不管怎样，跟客户保持一致总是没错。不过也要注意，万一生意没做成，客户也会疏远，关系说到底还是需要业务来维持的，你今天签个单，明天送个货，改天再递个文件，有具体的事才能保持人情往来。"

事已至此，小马就认真地和集成商一起准备投标书，不过内心还是很忐忑的。

投标日到来，小马的担心成了现实。对方倒戈不成，又去找小马的竞争对手要了个超低价，所以投标价格低了30%。非但如此，他们还做了副院长、采购部、招标办的工作，虽然小马这边产品技术得分都远远高于对手，但价格差距太大，评标现场专家们就争论起来了，认为产品差异没那么大，主任无法独自掌控局面，只好眼睁睁地看着招标办宣布对方中标。

眼看到手的项目丢了，小马受到重大打击。团队还连夜举行了项目总结会，认真分析项目中存在的问题："一、决策链没搞清楚，客户关系仅限于单点；二、轻视对手，未能做到知己知彼；三、没有做好信息保密工作；四……"总之，认为小马经验不足，还需要继续锻炼。

会议结束后，小马闷闷不乐，一个人跑新天地去喝闷酒。这时他接到了主任的电话，让他明天到办公室来，有些话要当面跟他讲。小马还以为事情有转机，又一个晚上没睡好，做了很多项目反转的梦。

第二天一见面主任便说："抱歉，评标现场没控制好。别难过，以后你就会知道这种事情是常有的。"听到这里，小马更难过了。

此时，主任话锋一转，告诉小马，自己通过这件事很信任他，所以有一个全国性的大项目要介绍给他。不过项目涉密不方便在电话里讲，才把他叫过来。这个项目有二三千万，而且不公开招标，内部比价即可。惊喜就是来得这么突然，小马一时都不知道说什么好了。

几个月后项目落地，小马也获得了"最佳新员工奖"，考评为A。由于客户要求延迟供货，项目实际执行是在第二年，因此"一单两吃"，他第二年的销售数字也很高，所以连续两年考评都是A，这在新员工当中是极为罕见的。

在这个案例中，小马也是向客户示弱，准确地说是听甲方的话，结果得到超预期的回报。在信息化建设项目中，绝大多数情形总是甲方说了算，钱在人家口袋里嘛，所以在甲乙双方关系中，乙方示弱，跟随甲方行事并不丢人。即便有的甲方内部关系很复杂，CIO一个人做不了决断，也绝不会亏待作为跟随者的乙方。想八面玲珑，在甲方内部做好各个层面的工作，理论上总是应该的，但对于新销售来说难度未免太大了些，而且政企行业每个销售要负责几十家客户，如果在单个客户身上获得的营收不够高的话，投入这么多时间也不合算。小马所在的团队在他丢单后做的分析也没有错，每一条都值得学习和思考，但我们知道那是对于大客户的策略，在实践中几乎没人能够每一次都教科书式地执行，特别是新员工。

其实，如何成交第一单不仅仅是对新销售的考验，更是对他所在团队，他的师傅的考验。新人什么都不懂，但是冲劲很足，学了一点销售知识就四处乱撞，碰到什么就是什么，如果有师傅领进门的话，成长速度就会快很多。有些新人做不出业绩来并非自己能力不行，而是他的师傅不行。

前面提到，有经验的导师会让新销售去碰那些适合他的项目，增强他的自信，让他在赢取项目过程中学习销售知识，比单纯讲理论有用得多。偶尔失败，也能从中吸取教训，但最终还得靠项目的成功才能让一位销售真正成熟起来。

不过新员工遇到好导师的概率往往不那么高。每家公司的情况都不一样，也许公司对你师傅的业绩考核是他的个人数字，而不是你们整个团队的数字。这样他就未必愿意全心全意来帮助你了，因为你做好了无助于他的关键绩效指标的完成，相反还会挤占他的地盘，显得他这个老员工性价比不高。这种情况属于销售管理问题，但大多数公司都存在类似的问题，几乎不存在规则完美的企业。特别是中小企业，老板们对销售队伍是粗放式管理的，他们没有资源让每个人都发挥自己的能力，只能放任销售人员之间"相互倾轧""物竞天择，适者生存"。此时，新销售想要"幸存"下来，就很有必要自学，自己对自己负责了。

记住，新员工除了勤奋之外，要学会示弱，特别是向客户示弱。有的人会问，销售不是应该自信吗？没错，自信是必要的，但初来乍到，请稳重些，不要表露出来，要用做事、用你的价值体现出来。销售工作主要是跟人打交道，要不断地讲话，你的人生阅历太浅，销售经验不足，很容易说错话、做错事，招致反对的力量。你的所有项目都来自客户，"客户是我们的衣食父母"，因此向客户示弱并不可耻。

向客户示强拿到单子的情况也有，主要存在于卖方市场，比如说一线城市的房地产市场。在IT行业，靠优越感拿单的时代已经过去了，那是二十多年前，外企职员跟客户炫耀产品功能，讲讲自己在全球各地的旅行见闻就拿到订单了。在政企信息化领域，甲方永远是甲方，供给永远是过剩的，只要你是一名销售代表，在客户面前就永远是乙方。

关键 2　寻找客户的痛点

十多年前，我在参加公司例行的年度销售培训时，第一次听到讲师将 Burning Issue 用在营销领域中，他当时还提到另一个说法，就是销售要想办法让客户对你说"人话"。二十年来，我参加过无数销售培训，形式无非是讲课、分组讨论外加游戏，内容也大多平庸且重复，唯有这次培训效果极佳，讲师的语言相当生动，让我记住了这两个非常好的理念。

当时公司为了保证培训质量，决意要搞异地封闭培训，用大巴将员工从上海接送到宁波，入住五星级酒店，并安排景观会议室作为培训教室，课间有茶歇，中午在酒店吃自助餐，晚上海鲜大餐。讲师也是花大价钱从北京请来的，他以前在 IT 外企做销售，之后改行咨询业，接着自主创业做培训。他的收费不是按场次，而是按学员人数。

如今这样的培训待遇已经很普遍了，但那是在十多年前，唯有大公司才愿意花钱外聘讲师，一般公司都是让销售总监或公司领导给员工讲课，地点也都选在内部培训教室。

什么叫 Burning Issue 呢？在中文里的意思就是痛点（Pain Point）、燃点事件、最紧要的事件。

谁都知道雪中送炭比锦上添花更重要,问题是怎么发现雪天和木炭。记住,客户选择你,最根本的原因永远只有一个,这个原因一定跟他的痛点相关。泛泛之交做不成大单,不要以为让客户舒服就是好,病人刚开始都是希望别人说自己很健康,只有深入骨髓,暴露问题,才会请名医,有时哪怕跟客户吵架也比一团和气更合适。不必担心挖痛点会惹恼客户,但要尽量避免让客户下不来台。有时客户确实不知道什么产品适合自己,需要销售者帮助他下决心。

想做一个顾问型销售,抓住客户的痛点,让客户尊重你,可不是一件容易的事。从客户角度来说,有些痛点是秘密,他也不愿意让你抓住。作为掏钱的一方,凭什么还要这么被动呢?特别是技术能力较强的甲方,比如银行、公安,为安全起见,他们往往会将信息化项目分级管理。自己弄明白了,才会将需求分解开,分包招标IT供应商,应用归应用,软件归软件,硬件归硬件。了解客户痛点的往往是极少数业务级的咨询公司,到软硬件基础设施这一层,基本上就很难抓住客户的根本性痛点,或者说信息化建设的全局性痛点。

客户痛点具有一定的行业属性。对于金融业,一定是将稳定排在第一位。对于政府行业,一般是将服务排在第一位,最好每个项目都做成交钥匙工程。对于互联网行业,基础设施的云化部署能力可能是痛点。就硬件来说,网络科有网络方面的痛点,系统部也有主机方面的痛点……不过这样的痛点过于宽泛,业内人士都了解,对具体项目指导意义不大。真正有价值的,还是个体化的痛点。另外,任何工作都是要靠人来做,作为信息化工作的管理者,如果他在项目中有个人诉求的话,不管这种诉求合理与否,同样是痛点,从而成为某些乙方销售人员的工作目标。

我发现在销售培训中，新学员往往很难准确回答讲师的提问，找到某个具体案例中的客户痛点，因为他对项目背景不熟悉；而老销售能够轻而易举地答上来，不只是由于实战经验丰富，还在于他们参加的培训较多，跟"应试教育"一样，这道"题"他做过。其实出于各种考虑，培训讲师很难将案例背景介绍得太真实、详细，只能将它们包装成一个个"样板"，案例越具有"样板"的特征，距离现实便越远。这也是销售培训工作的难处所在，所以大公司除了做培训，还会给新销售配备导师，说白了还是在实践中学习最有效。只要对客户的背景足够熟悉，找到客户的痛点并不难，如果找不到痛点，那么一定是跑客户不够勤快。

还有一种情况，就是销售找到了客户痛点，但支配不了解决痛点的资源，于是他就会向自己的上级求助。不过一线销售搞不定的事，往往领导们也不愿触碰，比如说超过权限的特价、安排驻场服务、定制开发。获取这些资源要跨越厚重的部门墙去求人，比求客户还难，进退两难的领导便怒斥下属道："要是降价就能做生意的话，还要你们干吗？""公司那么多项目，都搞定制开发的话，你开工资啊？！"因此销售们在解决客户痛点的同时，要避免触碰自己上级的痛点。如果你找领导痛点比客户痛点还准，又没办法解决，悲剧就诞生了。

在寻找客户痛点的过程中，不同类型的销售会有不同表现。技术出身的销售容易只从技术角度去理解客户的痛点，从而把一切问题归结为公司产品技术的优劣；"关系型"销售总是关注CIO等领导人物个人需求上的痛点，将客户的私欲无限放大，认为凡是丢单的项目都是客户拿了别人好处；而什么能力都没有的销售会把价格当作所有用户的痛点，觉得只要价格便宜就可以解决一切问题，这种销售容易成为"价格屠夫"。

如果价格算痛点的话，一半以上的项目痛点会被销售们归结于价格。是啊，价格好谁不会做生意？有几个客户能抵挡住低价诱惑？何况政企行业多数项目都要招标，招标的项目当然是价格最敏感。事实上，低价作为企业的一种营销手段常常是有效的，然而很难帮助个人成为销售高手。

当年华为成立"打港办"（目标为港湾），以及后来的"403项目"（数字03暗示字母C，目标为Cisco）时期，领导们常说一句话："由于价格因素丢单是不可接受的。"意思是：在所有工作都做到位的前提下，不论对手出什么价，公司都会批准更有竞争力的价格确保拿下项目。但在实际执行中，"所有工作都做到位"是一个很难衡量的标准，如果一线销售工作没做到位呢？领导们同样不想丢单，所以只要项目涉及需精准打击的竞争对手，基本上都申请了特价、超低价。

对于大多数民营企业来说，信息化经费就是痛点，他们对价格很敏感，所以你提出高大上的方案根本没用，他们根本不会掏这么多钱来购买。曾有个经销商带厂商销售去一家太阳能厂商，说他们一年营业额数10亿，一定会掏钱购买大容量存储空间。结果见面一聊，发现信息错误，他们只是这家太阳能集团设在当地的一个工厂，人家要的是太阳能电池板的仓储空间，根本不是数据存储，他们一年的信息化投入还不到100万，而且大多用于购买电脑、安防设备，至于存储设备，根本就没有，用服务器自带的磁盘空间存储数据就够了。所以这样的客户对于数据管理厂商来说根本就没有价值。

对于预算不多的民营企业来说，经济适用的方案才能解决他们的痛点。有些大厂商的售前人员电脑里有很多方案模板，总是不假思索地给客户抛出一个动辄数倍于预算的方案，这种偷懒的方案经过销售再转到甲方手中，有可能直接就被过滤了。作为乙方，你对甲方马虎，甲方也就对你马虎。销售是项目的第一责任人，如果了解到客户确实只有100万预算，就老老实实按100万预算推荐最具性价比的方案。

产品方案差不多的情况下，低价的确可以帮助部分客户省去选择的烦恼，却未必能解决其他客户的痛点，因为有些客户并不缺钱，他们需要的是更好的服务、更好的体验以及解决问题的能力。另外，有些CIO还有个人诉求，期待通过供应商达成个人诉求。在某些项目中，这种诉求成为了决定性因素，也是一种痛点。这样的痛点有的涉及法规红线，有的处于模糊地带，销售代表们要谨慎对待，但必须能够清楚地分析出它会带来什么影响，竞争对手会采取什么样的策略。

对于新销售来说，寻找客户痛点的过程可能会很长，客户往往将真实需求隐藏得很深，你跟他达不到一定交情，他不会透露出来。客户为什么要对一个在自己公司都没根基的新销售吐露痛点呢？有时候客户虽然会扔给你一些单子，却不会告诉你这么做的原因，所以有的新销售虽然"开和了"，却还没真正"入门"。销售找不到客户的痛点，就不会了解赢单的真正原因，永远都靠运气和施舍过日子。

对于有经验的销售来说，寻找客户痛点的过程并不是最难的，难的是解决痛点。找到痛点，只是项目的上半场，而决定胜负的还在下半场。

痛　点

前几年，某三甲医院建设了一个新院区，新院区的规模比老院区大不少。院长是做IT出身的，因此对信息化工作非常重视，准备在新院区投资1500万，将老院区的IT基础架构复制过来，以便新老院区的业务系统平滑过渡，还可以互为容灾备份。不过这么大投资，肯定要招标，老院区采用了VCE（Vmware[①]+Cisco+EMC[②]）联盟产品，价格都是最贵的，所以信息中心主任组织手下写方案时很谨慎，把技术指标都卡得死死的。不过他还是很担心，万一有商家"冲标"怎么办？技术指标有差异，但其他品牌产品又不是不能用，价格差距太大就不好对外界交代了。

怕什么就来什么，树大招风，VCE联盟的所有竞争对手都来了。主任只得一一接待，并私下好言相劝，让大家手下留情，"推翻老院区的IT架构，不就是否定我们院之前做的工作嘛，以后还有机会的。"其他厂商都慢慢地被劝退了，只有以狼性文化著称的某厂商没有放弃，他们的销售小伍轮番拜访院长、信息中心、设备处、采购处、招标办，所有与项目相关的人都覆盖到了。小伍不厌其烦地做公司介绍与方案交流，保证数据迁移的安全性。终于，甲方有些被打动了。主任对小伍说："你们想要这个项目，得有些诚意，找你们高层来，跟我们院长见见面，先送上几百万设备，把我们老院区改造一遍，招标的时候不就好办多了吗？！"

小伍说："送几百万设备很困难，可以先借些设备搭建一个完整环境做业务测试，要么在我们总部搭个一比一的试验局，到我们那去测试？"

主任说："那可不行，医院业务环境在外面很难模拟，我们的IT系统只能在真实环境中接受考验。你提的这种支持力度任何厂商都能做到，根本打动不了我们领导。况且我们信息中心什么好处都没有，还平白无故增加了巨大的工作量。我们院VCE的产品组合用得好好的，干吗要

[①] 威睿，全球桌面到数据中心虚拟化解决方案的领导厂商。

[②] 易安信，美国信息存储资讯科技公司。

多出这么多事来？"

从甲方角度来看，通过信息中心主任提出的方案不无道理，我好端端的一个园区网络，虚拟机和业务系统都配合得好好的，突然要全部换成国产品牌，在这个城市的同行业都没有先例，风险谁来承担？最好的办法是先从老院区试点，试点的任何成本都不应该由甲方来承担。

于是小伍将信息汇报给了自己的区域主管，说项目取得了一定的突破，但有个难题，如此这般便可解决，需要公司下决心。不想主管坚决反对："送几百万设备，好大的口气，我们品牌和产品哪点比 VCE 差啊？凭什么啊？现在都提倡国产化，他们国有单位凭什么拿纳税人的钱去买进口设备啊？！啊？凭什么？！"

话虽如此，主管还是跟着小伍一起去拜访了院长，讲了一通国产化、本地化服务的好处，以及"民族大义"，也建议用户和厂商建立"战略合作伙伴关系"，就是没提赠送设备的事。院长非常和善客气地表示："我们对国产和进口设备是一视同仁的，严格按照国家相关规定来执行，谢谢你们的支持，有机会的话，也非常欢迎你参与我们的信息化建设项目。"

小伍听了双方领导的对话，心凉了，因为他们说的都不是"人话"。可有什么办法呢？整个业务部门都没有赠送设备的权限，唯一的操作方案是通过总代理或经销商"借"出一批设备来"送"给客户，等后续新院区项目中标后再申请特价核销这批"借"出来的设备，而这种行为在公司是被明令禁止的，因为存在风险。显然，主管不觉得这个项目有那么重要，也不愿因此承担风险。

主管回到公司后，严厉地批评了小伍："你们怎么做的客户工作？今天到现场一看就知道，项目早就被别人搞定了，你把我们的品牌价值都降低了,我们凭什么要比进口设备便宜?凭什么要赠送设备才能准入?"小伍有苦难言,公司的虚拟化产品之前在别的医院确实出了很多问题啊,别说客户不放心,自己的技术人员都心虚,用在这样的核心业务上,万一出问题怎么办?当然要让公司云计算部门全力以赴做好这个试验局啊。

事到如今,与其说乙方找到了甲方的痛点,倒不如说是甲方抓住了乙方的痛点,攻守形势就反转了。商家无法给出让客户满意的解决方案,客户提出的要求又无法满足,按说商家该退出了吧?可是作为销售的小伍没有别的选择,不管自己公司的产品如何,技术能力如何,都得想办法把它卖出去。他还得再做努力,于是他又去拜访了客户的信息中心主任。主任道:"那我就没有办法了,得按原计划进行,不过你最好配合我们的工作,不要投低价,下一次非核心业务可以试试你们的设备。"

小伍陷入了两难的境地,作为公司在这个行业的销售代表,他既不能得罪客户,也不能放弃项目。不过,狼性团队有个好处,你不必一人应对难处,领导骂归骂,该做的事还会做。招标工作开始后,领导亲自指挥,找了家集成商参加投标,并安排自己的售前人员帮写标书,为了保密,还让小伍不要参与该项目投标过程,因为他和客户走得太近了。

结果开标现场让人大跌眼镜,甲方最担心的情况出现了,该厂商的合作集成商投标价比别家低了几百万,怎么办?甲方只好将评标工作延迟,回去商议对策。

两个月后,热度过去了,招标方借长假时机偷偷地在网上一个非常不起眼的位置发布了一条中标公示信息,宣布投VCE联盟产品的一家供应商中标。小伍发现后,急忙找集成商去投诉,可集成商说招标公司和主管部门都还没上班呢,等上了班,只剩下半天公示期,一拖就错过了。小伍这才了解到,这家集成商在节前就已经因为行业项目案例规模不足被废标了,却不告诉厂商,原来已被"收买",客户承诺给他们一个小项目。主管便找人四处投诉,并不起作用。该单位项目被延迟了两个月,院长和主任都非常窝火,他们通过行业协会向同行各单位发布口头警示,让大家小心这家厂商,企图在行业内"封杀"他们。当然,狼性厂商也不是吃素的,要封杀不那么容易,此事不了了之。对于小伍来说,项目彻底输了,而且输得很窝囊,还给后来的工作留下了不少障碍。

我们来对这个项目做一个分析:

这个项目的痛点是尽人皆知的。院长的诉求就是将 IT 项目建好,使之成为业内标杆,如果非要说他有个人诉求的话,也只能说他想通过信息化实现仕途崛起。也许有人说,厂商要有资源的话,可以帮助他理顺仕途啊,项目就到手了。这种说法很幼稚,正规厂商不会将"政商关系"用在这个方面,也不该去影响国有单位的人事安排。退一步讲,资源投入和收益不匹配,这不是销售一线该考虑的事。

这么看来,双方各层级的行为似乎都没有错,但事情的结果各方都不满意。对于用户来说,他们明确知道自己的痛点在哪里,弱点很容易遭人打击。所以他们在小伍的"猛攻"下妥协了,只要解决自己对于系统安全的关切,并将老院区的设备也更新一遍,国产品牌也可以接受。确实,如果厂商能赠送几百万设备,如果基于虚拟机的 HIS(医院信息系统)、EMR(电子病历)、PACS(影像归档和通信系统)、LIS(实验室信息管理系统)等业务系统性能、数据迁移、容灾备份都没问题,如果能享受掌上明珠一般的服务,如果能成为厂商的战略合作样板点,为什么不呢?然而厂商并不像传说中那样大方,显然没把自己当大客户看待，几句漂亮话就想拿下项目？当然不可以。随后院方摆出了甲方一向的高姿态，却没有准备足够的"牌"，导致招标过程被人投诉。虽然没出什么大乱子，但耽误了项目实施时间，投标各方价格差距又太大，容易被体系内的"竞争对手"利用，在个人诉求方面冠以"莫须有"的罪名。

而对于乙方来说，解决痛点显然比发现它更重要，他们发现了甲方的痛点，却没有能力解决它。主管想把客户的痛点揽入"采用国产设备"的情怀当中，显然是一厢情愿的幼稚行为，反而招致反感。他们的"冲标"行为等于是在痛点上撒盐，反而激怒了用户。由于公司有狼性文化传统，小伍与他的主管没有其他选项，既不能违规操作，又不能隐瞒项目信息，更不能临阵退缩妥协。

这才是真实的案例，与常规的销售培训中讲述的痛点都不一样。现实中销售们遇到的大多是这类模糊情形，所以他们不可能在各种营销书籍中找到答案。销售活动跟战争类似，实践中生搬硬套各种兵法、历史典故便成了纸上谈兵。人不能两次踏进同一条河流，现实中也找不到两个一模一样的实例，这就是销售工作的难处。评价销售人员也存在同样的难处，一百个人眼中有一百个哈姆雷特，评价战果的唯一标准是输赢，评价销售业绩的标准是数字，这数字包括销售额和完成率。

关键 3　怎样让客户说"人话"

在很多场合，台面上说的多是"台面话"，台下讲的才是人话。如果在一场采购活动中甲方跟你讲的都是台面话，从来没在台下对你说过"人话"，那说明你的项目还八字没一撇，持续下去项目肯定要丢。

"台面话"并不是一些不正确的话，更不是"黑话"，恰恰相反，它无比正确，无比光明，只是对你赢取项目没有价值。比如，CIO 们总是会说："我们的产品选择、项目招标，一定会秉承公开、公平、公正的原则……"但事实上有多少项目完全没倾向性呢？即便政府采购，同样可能存在事实上的不公平。连一位妈妈对待自己的两个孩子都可能偏心，何况商业行为？这世上从来就不存在绝对的公平。既然有人为操作的空间，总会有人为之努力。销售人员的工作之一，就是防止出现人为对己方不利的情形，如果出现了，就是失职，有可能被公司炒鱿鱼。

在众人印象中，销售是职场中最为高危的职业了，动不动就因为业绩不好或者犯错误被解聘、被开除，至少在影视剧中是这样的。实际上销售岗位并没有那么危险，一些大公司招聘人员还是很谨慎的。一般来说，员工有可取之处才被录用。如果是应届大学生，确实有极少数新员工因为不适应销售工作而调整到其他岗位去，但基本不会被辞退。如果来自社会招聘，要求就高一些，半年、一年做不出业绩来，可能被迫辞职。所以销售们入职新东家，除非万不得已，不要只待半年就走，最好干满两年证明自己，否则下家公司会以为你是业绩做不出来被上家辞退了。

要想不丢工作，要想业绩好，除了之前讲的抓"痛点"，还得学会一项基本功——让客户对你说"人话"。跟前面的两项技能比起来，让客户说"人话"更偏重于对个人情商的考验。说"人话"也就是说大实话，"小李啊，实话对你说，这次项目我们是这么考虑的……"不管是拒绝还是讲出自己的顾虑，客户跟你不熟悉到一定程度，这"人话"是不能随便讲的。领导有领导的话术，否则他也不可能成为CIO，如果在你面前说大实话，说明他还是很信任你的。你能让多高的级别的领导说"人话"，也就证明你销售的水平有多高，你在职场中的能级有多高。

想要让客户说"人话"，首先自己得说"人话"。作为乙方，自己都不真诚，还期待甲方对自己说真话，那真是痴人说梦了，这样的销售肯定做不出什么像样的业绩来的。CIO们之所以成为CIO，人生阅历和经历的项目都不比销售少，你骗他一次，就永远出局了。

销售要怎样说"人话"呢？最好的方式就是实话实说，这样轻松点，说谎是最累的。就像我在《如何快速成交第一单》种提到的，新销售可以示弱，大胆地说出自己的担忧："赵处，说实话，我觉得我们的方案很优秀，可是不知为什么，总感觉自己要出局……"不过要注意，在表达自己的顾虑的同时，也得体现出自己对于用户的特有价值，单靠别人的怜悯是做不成大生意的，得有价值交换。你要证明你的方案对于客户是最优的，也让客户证明他选择你并没有错。

对于一定级别的甲方领导，"示弱"不足以让他说"人话"，你得感动他。不仅仅通过技术服务，还得通过项目的成功提升他在单位内部的地位。除了金融等少数行业外，在很多单位内部IT部门的地位是不高的，从CIO直升单位高层、一把手的比例很小，同样是中层，办公室主任以及核心业务部门主管升职的机会就大很多。比如，很少有政府官员是搞IT出身的；极少有医院院长是搞IT的，一般都是外科医生；银行行长一般也来自业务部门，除非互联网银行；教科文卫、制造业也一样。信息处、信息科大多被归类为支撑部门。如果一家公司的IT系统能让一所医院鹤立鸡群成为"四甲"医院，它的院长就可以是搞IT出身的，这时你还担心院长、信息科主任不跟你说"人话"吗？

想让甲方说人话，有时不用一味迁就，甚至可以"逼一逼"客户。客户也有惰性，他明明知道信息系统有很多问题，但眼下还勉强能支撑着用，于是说："等等吧。"突然有个声音告诉他："您不能等下去了，再等下去系统就要崩溃了。"他的第一反应肯定是不高兴，人之常情都是不高兴；但回过头来，他意识到你说的是对的，对他的工作有帮助，还是会认可你。这就是前面提到的，你抓住了客户的痛点。当然前提是你单独对他说，不能在公开场合讲，更不能像杨修一样抓住曹操的痛点得意扬扬地到处瞎嚷嚷，那是要被杀头的。举个例子。

说人话

某局，信息中心主任由大领导兼任，部门具体事务是一位副主任——海主任在管理，而技术上却由一位陆总工负责。可是，信息中心本来就是一个技术部门，每个信息化项目上马，都是总工这边出技术方案，副主任管招标和商务流程，最终到大领导处审批。这里面就会产生一些冲突，不同的技术方案，预算和供应商倾向也是不同的，究竟谁说了算呢？海主任当然要争夺主导权，可是陆总工也不放手，他觉得IT部门技术人员理应有更大话语权，自己的方案确定后，其他人走商务流程就好。但最终决策权在领导啊，可是大领导根本不管这事，他只管签字。久而久之，信息中心裂变成两个对立的派系。

客户内部有冲突，也会给供应商的工作带来很大难度，特别是新供应商、新销售，他根本不知道里面有这么多事，知道了也不懂怎么处理。其实哪个单位内部没点事呢？甲乙双方的关系，只有成交了才能真正走近，供应商的销售人员如果不了解客户内部矛盾，说明关系还不到位。

某IT公司销售小高是一位社交小白，他是从研发转销售的，没有什么客户基础，他经人介绍拜访到了陆总工，陆总工把需求详细地告知了小高，让他提供一个技术方案。小高便很用心地准备好了方案，说实话方案做得相当不错，让人看了觉得有一种非他莫属的感觉。陆总工对他们的工作也评价很高，并参照这个方案提交了项目建议书。可项目建议书一直没有批下来，信息中心又举办了公开的方案研讨会，邀请了好几家公司参与讨论。小高发现，这些竞争对手显然没有做过调研，连技术方案都是抄袭自家的，而且PPT中都有方案对比这一页，提出的意见似乎都针对自家。

他按领导的要求去约客户高层进行交流并到公司参观，被拒绝了。是哪个环节出了问题呢？小高便去找陆总工，陆总工说："现在是项目前敏感期，所以我们不可能去厂商考察了。你们的方案没有问题，记住，我才是技术把关人，不要听别人胡说。"小高又去拜访了海主任和大领导，两个客户都说小高的方案挺好的，后续会公开招标，让他放心。

小高满心疑惑地回去了。可后续的项目进展越来越不利于他们，招标文件意见稿完全不是按他们的方案写的。小高再去找陆总工，陆总工说招标文件没法有偏向性，所以才是这么个写法，他会关注的。而他再次去找海主任时，海主任的表现更让他疑惑，对方笑着说："你们这家公司工作态度蛮踏实的，我很喜欢，不过还是以招标结果为准。"

招标的结果就是小高没中标。他百思不得其解，觉得自己各个决策链条上的人都拜访到了，方案也没问题，项目怎么就丢了呢？

解铃还须系铃人，小高找到了当年介绍陆总工给他的朋友，朋友听了大吃一惊道："糟了，他们有项目你怎么不跟我讲呢？我以为你去见过陆总工就没后续了呢。你根本就不懂他们单位的事，陆总工跟海主任不对付，你夹在中间做了牺牲品。"

小高恍然大悟，他问道："那怎么办？这可是一个价值客户啊，我还打算长期跟踪呢。"

朋友说："你们从陆总工这边入手并没有错，技术方案是他把关，你绕不开的。错的是让海主任认为你们坚定地依靠陆总工，你是不是有什么行为给出了错误信号？"

小高说："没有啊，我几个领导都找过，但都没什么交情，怎么谈得上依靠陆总工？"

朋友说："那么问题很有可能就出在这里。本质上你就提供了一个方案，其实什么客户工作都没开始做。陆总工觉得你们的方案很好，提上去了，是在向大领导邀功，表示他的工作做得很好。但他在信息中心没有决策权，这点他肯定不会主动告诉你，他在用你做砝码对抗海主任，然后输了，事情就这么简单。"

小高："啊？这项目丢得不明不白的，亏大了。"

朋友："一点都不亏。做项目哪有这么简单？但凡有点规模的项目，都有无数人盯着，不要说犯错误，但凡一个地方工作做不通，都可能全盘皆输。做项目这事就是逆水行舟，不进则退，你这么佛系，活该丢单。"

小高："可是，我好几次觉得项目有问题，去找过陆总工，陆总工一直说问题不大啊。照你说当时我该干吗？"

朋友："当时的情形我不清楚，所以具体该干吗不好讲，我不想做事后诸葛亮。但市场如战场，结果说明一切，关键是要赢。销售就是大将，将军的第一要务是拿单，丢单算什么？失败，在古代是要被杀头的，现在也一样，丢单是要被炒鱿鱼的。对于海主任来说，你都没跟他说过几句话就入围投标了，肯定是投靠陆总工无疑了。"

小高："那现在该怎么办？我总不至于去找海主任吧？搞得跟叛徒似的，不太好吧？"

朋友："你哪像个销售啊，分明是春秋战国时代的门客，跟了谁就是谁。陆总工有把你当作自己人了吗？人家可是鬼话连篇，一句交心的都没有啊。"

小高更糊涂了，那该怎么入手呢？他一筹莫展。

朋友继续说道："你肯定还得先去找陆总工，毕竟先入为主，你是通过他入围的。他是负责技术把关的总工，如果你抛弃他，下一个项目死的还是你。你听了他的话，结果丢了单，他对你应该是有愧疚之心的，先听听他怎么说，要他对你说人话。如果他不介意的话，再去找海主任，如果他非常坚持，那么他会帮你想办法。"

小高听了朋友的话，接近中午时去陆总工的办公室拜访，想顺便请他吃个午饭，以便说说"人话"。陆总工这次主动带小高去小会议室喝茶，听他讲述投标过程中的委屈之后，安抚道："没关系，小高，我们后续还有很多建设项目，这次才刚刚开始。你们公司的技术和态度，我们中心还是相当认可的,可以跟你们领导讲,这次没中标,是我们信息中心的责任,不是你个人的问题。"

然后是午餐时间,陆总工拒绝了小高的邀请,反客为主,请小高去他们食堂。在食堂里,他们恰好碰见了大领导,便和大领导在一个有屏风隔开的单独区域一起吃了饭。大领导认得小高就是招标前来找自己的厂商销售代表。

从食堂出来,小高便向陆总工告辞,陆总工示意他还有话说,于是又回到了小会议室,他没打算坐下,便站着对小高说:"就简单几句吧。虽然你跟我们接触的时间不长,但我本人对你还是相当认可的。你中午也见到我们领导了,他讲过,我们后续还有项目,欢迎继续参与。回头你有空,就去见见海主任,我们现在有新的分工了,我主要负责业务与软件技术把关,海主任负责硬件和采购,将来你们的业务跟他那边交集更大,我这边会继续支持你的。"说完拍了拍小高的肩膀,送他到电梯口。

紧接着小高就去约海主任,海主任欣然同意。小高安排自己的主管和公司高层先后拜访海主任、大领导,顺便一起吃饭。两次交流下来,海主任和小高也熟悉了,一次去小高公司参观后,酒桌上,他当着小高领导的面说:"早期的项目我们内部还没理顺,所以没选你们,不过也好,不打不相识嘛,后续会有更多机会合作。小高做事挺靠谱的,有原则,我就喜欢这种不说废话只干活的人。"

几个月后,小高拿到了海主任的大单。海主任性格比较豪爽,和小高互补性很强,经过两个项目的考验,他们居然成了好朋友。另外,小高他们公司虽然不擅长软件,但陆总工也给了他一张单子,算是对小高的补偿。小高对陆总工很是尊敬,虽然不常接触,但公司有什么巡展、新品发布会，他总是请陆总工坐嘉宾席，或代表客户发表演讲。一年后，小高他们公司和客户签约成为战略合作伙伴。

这个故事中的销售小高原本是一个非常木讷的技术型销售，他没有经验，支持他的陆总工对他说的都是"官话"、体面话，即便在丢单，并被朋友训斥后，他也不知道怎么让客户说"人话"。不过没关系，他按部就班地做事，严格按"三板斧"操作，最终还是获得了客户的认可，让客户开口说了"人话"。可见销售对客户说"人话"没那么危险，销售活动毕竟不是战争，客户也不是曹操，说几句大实话不会有生命危险。

小高的好朋友在其中起了很大作用，他不但介绍了客户，后期还做了关键性提示，让小高不至于止步不前。

另外，我们不得不说，最为核心的竞争力还是来自小高公司的产品和技术方案。用户最看重的还是这个，而且小高低调的态度他们也很喜欢，所以，这次合作对双方来说都很适合。

除此之外，运气的作用也不小。在小高下定决心对客户"人话"时，信息中心内部正好重新分配权力，他借机和陆总工、海主任分别建立起了良好的关系，让他们对自己也说了"人话"。

关键 4 "三板斧"为什么管用

和"痛点"这种从西方传过来的名词有所不同,"三板斧"是地道的本土说法,不过它的含义也是五花八门,各商家都有自己的"三板斧"招式,即在长期工作中总结出来的最有效的客户工作关键步骤。销售人员参照"三板斧"来执行,成功概率最高,如果其中一两项总是执行不下去,说明项目遇到了困难,就要想对策了。

这里先介绍华为销售体系常提到的"三板斧":技术交流、公司参观、高层会晤。当然"三板斧"仅限于有一定规模的公司,对于小厂商来说,公司连个展厅都没有,让客户来公司参观只会让他们觉得公司没实力。

二十多年来,国内最值得参观的 IT 公司便是华为了,特别是深圳坂田基地,它建成后的最初十年,规模和现代化程度一直遥遥领先于国内其他竞争对手。

华为的客户接待有一整套完整的流程,并且有一个部门专做这项工作,叫客户工程部,许多新员工进入华为公司都要到客工部去锻炼。销售代表要请自己的客户去公司参观,先要在内部系统里填表格,提交报告,将客户的情况,参观的必要性,考察项目和接待资源一一写清楚,然后逐级审批，最后转到客户工程部去。当然，审批流程还是相当快的，因为每个环节有时间约束，有邮件提醒，华为的领导们也比较敬业，随时随地通过各种终端批阅，实在没注意到的，销售还可以打电话提醒领导。客户工程部接手之后，一线销售就可以放心了。在接待客户的细节方面，客工部更加专业，例如在时间管理、用车、参观线路、纪念品，甚至客户步行速度、是否吸烟、是否吃辣、饮酒偏好等方面，你想到或者没想到的，他们都会考虑进去。

客工部关注细节，但重要的事情还得销售们自己上心，比如同行客户的级别排序、航空舱位、餐饮座次安排、差旅费归属，以及找哪个高层领导接待、技术交流的侧重点、公司考察之外的休闲活动等。这些内容客工部只能提醒和协作，还得销售自己做决策。

你可以想象一下自己是华为的客户，随着我的文字畅游华为：

"三板斧"之总部参观

清晨，你从鸟语花香中醒来，发现自己身处丽思卡尔顿/四季/洲际/香格里拉/喜来登等酒店之中的任何一家，窗外的三角梅在南国的炽烈阳光下怒放。然后你惯性地看了一眼手机，发现有一个行程提醒，才想起此行的目的是参观华为总部。

早餐后，你会发现华为的销售代表或客工部的小伙子/小姑娘们已经在大堂候着了。如果你的随从比较多，那门外很有可能停着一辆带全景天窗的定制款COASTER（考斯特）商务巴士，全车电动窗帘，遮光效果还相当好，哪怕在车内看电影和换衣服都没问题，主宾位的桌前有视频会议系统，就像移动的办公室。如果你的随从只有两位，华为也会安排两辆宝马7系/奔驰S级/奥迪A8，同样配备着白衬衣和黑西服的专职司机。司机专注于开车，只打招呼不讲故事。华为销售代表陪同你坐在第一辆车上，你的随从乘坐后一辆车。如果同行的访客刚刚多出一位，华为也绝不会让后排挤三个人，一定会多安排一辆车，哪怕你们执意要挤在一起，那辆空车也会一直跟在后面，直到你们需要它。

车辆出发，出梅林关，沿梅观高速向北，两侧的绿化带洋溢着热带风情，不多久就会发现有个高速出口叫"富士康、华为"，这里就是华为的总部，龙岗区坂田村。基地始建于20世纪90年代，包含研发中心、培训中心（华为大学）、测试中心、行政中心、物流中心、百草园等，整个园区占地超过一平方公里，绿化和建筑风格与美国加州的那些国际知名企业总部非常类似。其中公司展厅位于研发中心F1大楼，这里是个综合展厅，除了保有和运营商相关的核心网、承载网、接入网等设备展示外，现在已经改造成若干和用户体验相关的展示项目，特别是终端展区，新款的手机旁人气最旺。此外还有企业业务展厅、数据中心等，可以根据客户需要选择是否参观。你会发现，每到一站参观，接待人员总能不差一秒地上前给你开门，而且还能准确地叫出"某总"，与此同时，园区内可能有来自全球各地的十几批客人同时在参观，大家却不会撞在一起。

园区参观结束后就到午餐时间了，这时华为员工们会说，为了节约时间，就在他们的食堂用餐吧。大中午的跑来跑去确实很费时间，你便说客随主便吧。走进食堂一看，其实环境还不错，心想着跟这么多华为员工一起用餐，还可以回顾大学时光。如果你不是国家公务人员的话，他们会带你往二楼贵宾区走，还在电动扶梯上就能听见高山流水一般的古筝音乐，那是四位古装女孩在二楼的大厅演奏。二楼的贵宾区跟一楼相比高了不止一个层次，更像是进入了一个新天地，绿化和装修都堪比五星级酒店，华为人却谦虚地说只有四星级标准。不过餐饮主要还是看菜品和服务，进了包厢你会发现，一般的五星级酒店餐饮品质和服务根本没法和这里相比，美食的口感很难描述，但你会发现有的盘子上不仅有巧克力做的华为LOGO，还有自己单位的LOGO，据说当年海底捞也是从华为学到了这一招。

午餐过后，你会被带回到F1的一间会议室稍事休息，接下来是华为公司向你的"汇报"时间，意思就是，他们将所有客户都当作领导来对待，所以将通过PPT介绍公司、合作方案等统称为"汇报"。一般来说，华为会安排级别对等的领导参加洽谈，有相当比例的战略合作协议就是在F1的会议室中签订的。华为高管接待的时间可能是从你抵达华为公司起那一刻，也有可能是午餐期间，但最迟会出现在会议室，一切看销售代表的安排，因为这涉及华为的"三板斧"之一：高层会晤。洽谈结束，双方互赠纪念品，华为高管送你到F1大楼外，而销售和司机会一直将你送回到酒店大堂，一次完整的华为总部访问到此结束。

在F1洽谈的实质性内容，都是事先谈好的，就像两国元首互访，签署的文本早就确认过了，现场只需要渲染一些友好气氛即可。销售人员不会把尖锐的问题遗留到此时讨论，锦上添花的事留给领导决策也可以，如果此时把力挽狂澜的工作丢给领导，八成是要下岗了。

级别比较高的访问，洽谈环节可能会安排在行政中心进行，这里也是公司领导们办公的地方，他们有时也会参与一些较有意义的项目洽谈，倒不一定依据项目金额大小。

访问结束后，华为的销售会继续安排后续的行程，比如参观深圳改革开放几十年的成果、体验广府美食等。深圳及周边区域的主要景区、酒店和知名餐厅几乎都是华为的全球接待合作伙伴，服务等级也相当高。国内客户在这里一定能体验到各种现代化设施和浓郁的华南风情，海外客户则能感受到中国传统文化的博大精深。深圳毗邻港澳，如果客户正好要去香港的话，华为也有粤港直通车，可以将客户直接送到香港的酒店，行程结束再根据需要接回来。

除了深圳坂田基地之外，东莞松山湖基地、上海研究所、南京研究所、杭州研究所、成都研究所、苏州研究所以及海外的一些研究所规模也不小，同样可以接待客户。不过这些研究所侧重点有所不同。

人们参观华为公司，除了业务考察的需要之外，还有"探秘"的心理。大家都想知道，华为是怎样从一个卖电话交换机的小经销商成长为世界级企业的，所以每年参访华为的人数可能会上万。最近几年，一些知名商学院也把参观访问华为作为 EMBA 研学活动的其中一站来安排。不管人们通过什么渠道，通过什么组织去参观，华为都是抱着比较开放的心态来接待的。

以上讲了这么多关于公司参观的内容，就是要告诉大家，这一招是相当管用的。让客户参观公司，从市场角度来说，是体现公司实力的正面宣传活动；从销售工作的细节来说，是通过活动增强与客户的个人互动。从甲方的角度来看，大老远跑去供应商总部参观，当然是有相当的意向了，如果乙方高层能够给予项目实施服务上的保证，那就可以放心了，后续就是采购流程的问题。

所以公司参观这一招往往还连带着高层会晤，三板斧一下就用上了两个。高层权力大，拥有的资源多，如果双方之前谈得还不错，高层会晤往往一锤定音。

前面都是国内厂商的例子，不过千万不要以为只有国内商家才会用这招，外企在 20 世纪 80—90 年代就开始了，而且也是邀请去总部，美国加州的硅谷、华盛顿州的西雅图、欧洲的斯德哥尔摩、赫尔辛基，都是接待中国客户的热点地区。大老远去了，总得多走走多看看，于是拉斯维加斯、洛杉矶、圣迭戈、纽约、奥兰多迪士尼、夏威夷，以及巴黎、伦敦、汉诺威等地都常出现在行程清单中。许多资深 CIO 就是通过各种厂商考察，对世界有了直观的认识。当然厂商也通过这种方式长期锁定了合作关系。

三板斧当中最为基础的一个是技术交流，在销售阶段（Sales Stage）管理中处于 SS3—SS4 阶段。不要小看了这一项，唯有详细地交流需求，才能将项目落到实处。没有技术背景的销售往往不得要领，搞不懂用户需求上的痛点在哪里。此时如果团队中有售前技术人员能够做好这个工作，问题也不大，否则项目将永远是空中楼阁。

"三板斧"之技术交流

这几年行业内常常提到大数据，很多厂商都声称自己的大数据解决方案很厉害，销售也知道客户有大数据需求，项目金额上千万，可交流起来始终是乙方讲乙方的理念，甲方讲甲方的需求，根本对接不起来，也就无法走到执行层面上。

这是什么原因呢？其实大数据是一个很宽泛的概念，有的政企客户单单知道自己的数据量很大，但并不知道要怎样结构化数据才能被平台学习到，或者，到底是离线批处理的数据仓库还是实时流处理引擎更合适呢？另外，日志数据怎么处理呢？什么类型的文本、图片、影像才能被有效检索和挖掘分析到？应该说，大部分没有数据库开发背景的人都搞不清楚这些问题。如果学习能力比较强，很容易通过各种技术交流了解相关知识。作为客户，可以凭借手中的项目，每天与不同的厂商进行技术交流，在不同的方案之间反复比较，积累的知识反而更加全面实用。这时，如果厂商的销售和技术顾问没有动手做过相关模型，就无法有效回答客户关切的细节，只能顾左右而言他。要知道，客户往往是拿着A厂商攻击B厂商的问题去质问B厂商，又拿着B厂商攻击A厂商的缺点去求证A厂商，通过厂商之间的竞争来获取自己最想了解的信息。

据我所知，目前华为、腾讯、阿里等大厂商的销售代表当中，几乎没人能够单独与客户进行有效的大数据项目交流，与客户交流的甚至也不是售前，而是大数据产品部门派到一线来支持工作的工程师。这种情况下，客户也会觉得没把握，唯一能采用的遴选手段就是测试了。

所以说，技术交流并不是"三板斧"中最不重要的那个，对于销售来说，它是最为基础、最难执行的那个。如果需求都没搞清楚，后续的一切都无从谈起。如果能通过技术交流解决客户需求上的痛点，公司参观和高层会晤都将水到渠成。

销售管理也是个苦差事，大公司除了销售经理等主管要每周或每月审视属下销售代表的项目之外，还设有专门的销售管理岗位，目的就是为了精细化管理，从流程和数据上规范销售的行为。对于大项目，按"三板斧"流程审视一遍是非常必要的。正式的技术交流做过没有？结果怎样？做出来的方案客户认可不？和竞争对手的方案比起来，谁的认可度更高？有没有邀请客户去总部参观？客户去考察过竞争对手的总部了没有？什么时候安排高层会晤？什么级别的？对方是不是关键决策人？

如果连正式的技术交流都没做过，项目就不算已经展开，成功概率只能停留在30%以下；如果连公司参观都没有提到日程上来，说明客户在品牌选择上还处于非常早期的阶段，项目成功概率达不到 50% 以上。如果客户对高层会晤还在犹豫，说明他们还有些顾虑没有排除，项目成功概率不会高于 80%。这时领导们、销售管理员就会提示销售代表，赶紧安排实施"三板斧"，否则将从重大项目列表中剔除该项目，也得不到应有的资源支持。

总会有销售说，我跟客户关系很好的，他们肯定用我们的产品，不用技术交流了，也不用参观公司这么麻烦，甚至不麻烦领导出面了。这是不规范的销售行为。客户是公司的客户，而不是销售个人的客户，即便销售可以凭一己之力拿下项目，"三板斧"的流程也有必要走一走。因为这样可以形成公对公的合作，避免销售和客户主管的个人"单点故障"，防范一些不必要的风险，也给竞争对手造成更高的壁垒。

上面讲的"三板斧"适用于大公司大厂商，因为公司有那么多资源可用。对于小公司小经销商来说就未必合适，因为公司可能连展厅都没有，办公室还是租赁来的呢，有什么好参观的？另外，小公司老板很可能就是个技术控，根本不擅长客户接待，如此"高层会晤"还真不利于拿下项目。

怎么办？其实小公司，甚至销售团队也可以总结出自己的"三板斧"，比如：产品测试、蹲点服务、做决策人的工作。这"三板斧"非常适合小公司做小项目，甚至个体创业，也是不得已的选择。但凡公司规模大一些，有其他资源，也犯不着这么辛苦。

国产 IT 品牌其实都经历过这么一个起步阶段，第一台路由器、第一台防火墙、第一台交换机研发出来之后，当然是给客户试用了，甚至一测就是一个月、三个月。

然后销售和技术都在客户办公室"上班"，蹲点服务，发现有什么

BUG立即让"家里"的工程师连夜改，客户都没察觉。中午吃饭时，就跟着客户吃食堂，或者带领客户的小工程师们出去改善伙食。

穷人的"三板斧"

我曾经在一个试验局中带着客户及自家的驻场工程师吃了一个月的水煮鱼，因为他们不爱吃大饭店，就喜欢对面那家街角小店的味道，也可能是体谅商家，为商家省钱。水煮鱼是主菜，再搭配鱼香肉丝、花生米、皮蛋、啤酒，算起来费用跟吃食堂差不多。工程师们还爱喝可乐，我和驻场工程师就常带些可乐、薯片等零食到办公室去大家一起吃。时间长了，门卫保安们都以为我们是信息科新来的员工，搬运设备、半夜加班都畅行无阻。

有一次在银行网点做在线测试，这个网点还有对公业务，所以我们担心老是设备重启会影响储户办业务，对营业员的考评不利。没想到营业员哈哈大笑，打印了一张纸条贴在大门外，说是该网点今天因故停业半天，请顾客们到其他营业厅去办理。这是因为我们跟网点营业员太熟了，她私下给我们争取了完整的半天时间来做测试。根据规定，业务中断是必须上报的，因此其他厂商就很难获得类似的测试机会。

接下来的工作不能只靠产品技术，得做客户关系。大公司做客户关系的力度很大，面也很广，但小公司只有这么点资源，有限的资源得用在点子上。如果你做不通CIO的工作，不妨做做网络科长的工作，也许网点设备他说了就算。

外资品牌在国内耕耘十几年了，他们在金融行业的客户根基比内厂商更深，想要一下子替代它们并不容易。还是以网络设备为例，大约从2000年起，国内品牌用了约十年时间，逐步在网点设备上替代了进口设备，而金融机构的核心网络设备国产化，还是2013年"斯诺登事件"之后才缓慢开始的，至今没有全部完成。最初拒绝更换的理由是安全和稳定性，最后这个托词也站不住脚了，只好响应号召，在设备迭代时选用国产设备。

实际上，采用进口设备可以在中间商处提留很大一部分经济利益，这部分利益也是阻碍国产化的最重要因素，而不只是技术。采用国产设备后，由于竞争过于激烈，经销商的利益将被大大压缩。经销商的背后是甲方的相关人员，因此，小公司的"三板斧"必然有一条是去做客户关系，或者说通过中间商去做客户关系，只要给中间商留出足够和稳定的利润，项目就有机会。国内厂商也不能轻易降低对用户的报价，低价反而不利于产品销售，就是因为产品利润中有很大一部分本来就不属于厂商。有人会问，这不是不正之风吗？在任何国家商业贿赂都是不被允许的啊。没错，销售人员确实不能卷入其中，与这些不正当的利益产生直接联系，但世界上有200多个国家和地区，你不可能等全球每个角落、每个人都廉洁自律了才开展你的工作，经销商自有法律法规和公司的合作协议去约束，销售人员做好自己该做的工作即可。

当然，最近几年随着反腐力度加大及招投标制度的完善，通过CIO个人诉求决定品牌倾向的情况有很大改观，但不意味着销售人员不要做客户关系了。客户在没有任何利益诉求的情况下，个人的偏好仍然会影响品牌选择。就像家里买空调，虽然产品价格和品质很重要，但商场推销员的讲解也会对你的购买行为产生影响。有时候人们购买物品，特别是一件价值不高的小物品，只是因为服务员的态度好。对于金融机构来说，营业网点的网络设备不就是小件物品吗？你态度诚恳一点，服务好一点，客户不就买了吗？机构的任何决定也都是人做出来的，销售人员要在合理合法的范围内影响客户的选择，使之有利于己方。

以上便是小公司的一种"三板斧"套路：产品测试、蹲点服务、做决策人的工作。不管是高大上的"三板斧"，还是小公司的"三板斧"，都是经过长期实践总结出来的，销售人员不妨参照着做，不要懒惰，不要畏缩，有些事情做到位了才会发现它的好处。

关键 5　要不要找客户的上级

在一家公司或一个单位，越过自己的上级去找更高一级的领导被称作越级汇报。有人把这用在客户关系上，也就是说，如果越过与自己对接的客户去找他的上级，也被称作越级汇报。这种说法不是一点根据没有。早年国企领导都有相对应的行政职级，不同单位之间按职级对接，不过 IT 行业是个彻底市场化的行业，人们早已淡忘了这种职级，不把领导当官员看待了。有人坚持要这么说，是因为等级观念根深蒂固，将行政职级扩大化，把企业中的职员也纳入了其中。找客户的上级不能被认定为越级汇报，客户就是客户，从基层的前台、保安、勤杂工，到科长、处长、局长等都是客户，甲方乙方并不在一个体系中，并没有越级的说法。

既然销售代表跟客户不在一个体系中，各个级别的客户都是客户，按说"要不要找客户的上级"就不成其为问题了，都可以找啊。不过现实中销售人员与客户某层级之间通过交流，会自然而然形成一个稳定的对接关系。如果刚开始对接的是科长，销售越过他去找处长或局长，他有可能会不高兴。除非确有工作需要，他才会支持你去找他的领导。

销售人员能对接的客户职级，往往决定了他在公司内部的地位。如果一个销售整天跟客户的工程师混在一起，那么他在公司里只能做销售助理；如果他交往的大多是科长，那他就是一般的销售代表；如果一个销售接触的客户都是处长、局长，他迟早会成为销售总监。

我有个同事，他的父亲是个处长，所以他天生就不怵官员。政府和事业单位的 CIO 以处级干部居多，所以他跟客户的沟通很顺畅，跟厅长、局长交流起来也完全没问题，有些甚至还能成为生活中的朋友。对于他来说，要不要去找客户的上级根本就不是问题，因为客户默认他一定会跟自己单位的最高决策人打交道。他从销售生涯的第一天起，名片上就印上了销售经理、销售总监之类看起来很高级的职位。他的销售业绩也一直不错，要操心的只是业绩能否达到自己的预期。

还有个同事，虽然家里没有处长，但他平日里交往的人的社会层级都挺高的，所以他习惯性地从一开始就接触最高级别的负责人，要么是 CIO，要么是 CIO 的领导，如果有必要再与其他人对接。不过这样一来，他就很难了解具体的项目细节，有人说他天生就适合高举高打，做大项目的牵头人。他在一线做销售的时间确实很短，很快就跟别人合伙创业去了。创业中他也不负责事务性工作，而是对接客户高层。

有些从技术岗转来的销售习惯于跟客户的工程师打交道，因为交流起来没难度，没障碍，还有天然的共同话题。这样的销售基础工作做得比较扎实，技术方案、实施方案都没问题，不过他们可能不擅长于跟领导交往，在一些关系比较复杂的大项目中往往会吃亏。

他们有时会陷入这么一种苦恼之中：要不要找客户的上级？顾虑首先来自他们害怕接触领导、官员，或者任何层级比自己高的人。这种畏惧心理源自数千年来的社会分层。古代百姓见了官员腿就发软，扑通一声就跪下去了。投射到销售工作中，有的人见了领导就哆嗦，说不出话来。客户还不是他的直接领导呢，但想到人家管项目管钱啊，加之有个比较高的职位，就被唬住了。

还有一种原因是担心与自己对接的人不高兴。对方为什么会不高兴呢？无非是默认这个销售只够得着自己这个层次，或者觉得这事自己具体负责，不希望领导参与，自然不想让乙方去找自己的领导。如果是后者倒也情有可原。但如果是前者，就和销售人员的表现有很大关系了，相当于演员一出场，观众就知道他是个跑龙套的，角色过于固化，过于低端。

我们说销售工作和"拍拖"很类似，其实销售代表和演员这两个职业也很相似。对于演技欠佳的销售代表来说，心里想什么就直接说什么好了，遮遮掩掩更容易引起客户反感。可以直接说："李科，这事我觉得还真得找一下赵处，否则……"哪怕李科长急了骂你几句，也算是有效沟通。有时候矛盾冲突并不一定是坏事，它可以去除泡沫，帮那些情商并不是很高的销售夯实客户关系，知道底线在哪里。

如果确定这位李科长一直站在你的反面，压根儿就是绊脚石，那就更简单了，不用担心得罪他，自己放心大胆地去找赵处就好了。如果生意做成了，李科长看在项目的面子上，或者迫于赵处的压力，还是要跟你打交道的，这是他的工作职责所在。

如果你跟李科长关系还相当不错，确实不忍心做伤害他的事，那么就请他喝个茶，坦诚地讲出你的顾虑，让他相信你确实是为他着想的，他会告诉你该怎么和他的上级打交道。

最后一条途径，也是不得已的办法，就是请你的上级去跟客户上级沟通，这算是"对等"交流。不过对方心胸不够开阔的话，依旧会怪罪于你,事情毕竟还是捅到他的上级那里去了。另外,一线销售在项目中发挥的作用就大大降低了,这项目还有领导的一半功劳呢。

陆江的客户关系三级跳

陆江是大型 IT 企业 N 公司的一名销售代表,负责某省制造业。N 公司作为后起之秀,研发了基于 X86 架构的系列服务器。相对于老牌厂商的 RISC(Reduced Instruction Set Computer,精简指令集计算机)架构小型机来说,以 CISC(Complex Instruction Set Computer,复杂指令集计算机)架构为主的 X86 服务器开发难度小,灵活性更强,关键是成本低,逐渐成了市场主流。但考虑到应用系统的兼容性、稳定性和延续性,许多用户在关键业务领域还是坚持采用小型机。

陆江认为:作为销售,不管产品架构优劣,也不管质量好坏,总归是要把它们卖出去的。销售的天职,就是突出公司和产品的优势,拿下订单,并且确保回款。何况,N 公司解决方案销售部制定了 8 路 CPU 以上高端 X86 服务器的销售策略,每卖一套都有额外奖金。

陆江刚买房,急需更多的钱还贷,于是他特别想把这些高端服务器卖出去,培训时他听得特别仔细。解决方案中清楚地提到,制造业信息化的核心业务,比如工程设计以及 ERP 系统,就可以采用 8 路 CPU 以上的高端服务器。于是他筛选了名下的大型制造业客户名单,找出了几家公司作为第一批目标客户。

F 公司是全球知名的汽车配件厂商,市场占有率业内前三,我国第一,年产值数百亿,利税数十亿,因此在信息化投入上也常有大手笔。F 公司的董事长也是位公众人物,媒体上关于他的各种传言也特别多。他对企业信息化很重视,单单 ERP 系统就实施了多次,花了几倍的经费,最终获得成功。之后,他便将信息化工作交给了自己的儿子,F公司的CEO,因为儿子有海外留学背景,而且年轻人对互联网为代表的信息技术具有天然的亲和力。

不过陆江刚开始接触到的人,不太可能是这两位,甚至连IT总监也没见过。经合作伙伴潘超的介绍,他认识了信息技术部的系统主管刘懿威。系统主管,就是掌管操作系统、主机、网络、UPS、机房等基础设施的部门主管。对应的还有软件主管何炯,负责各种应用软件,和各业务部门对接。就ERP系统来说,支撑系统运行的服务器和网络归刘懿威管理,而软件和实施归何炯管理。

数据中心已稳定运行多年,需要扩容计算、存储能力,至少要将核心业务升级成双机系统,DAS(Direct-attached Storage,直连存储)存储升级成SAN(Storage Area Network,存储区域网络),添加FC交换机(Fiber Channel Switch,光纤通道交换机),另外原来的磁带备份也有必要升级成在线的灾难备份系统。

这显然是个大项目,于是潘超约陆江去见客户,陆江叫上售前罗怀庆一同前往。交流的前半段,罗怀庆在会议室里照着PPT按部就班地讲解解决方案,刘懿威只是频频点头,没有提出任何问题。讲解进行到一半时,刘示意他们暂停一会儿,他请何炯进来一起听。何炯的表现没有刘懿威那么含蓄,罗怀庆的PPT还没结束,他就提出了几个尖锐问题:1.新产品稳定性怎样?如何证明它能像小型机一样连续运行若干年而不宕机? 2.第三方评测报告中描述的运行环境和实际业务差距太大,数据没有参考价值。3.将ERP系统迁移到X86平台上,软件是否配合尚未可知,而ERP是老板最看重的业务系统,务必保持稳定。

第一个问题是无解的,数据无法上保险,万一出问题设备厂商也不可能赔付损失。至于第二个问题，罗怀庆表示可以提供样机进行为期三个月的测试。何炯说生产环境无法百分之百模拟，小型机在国内都经历了二十几年甚至更长时间的考验，而多路X86服务器几乎没有运行核心业务系统五年以上的案例，因此风险很大。

陆江只好算起了经济账：原来的小型机已运行五年了，扩容CPU或者采购单台新设备与旧设备做双机，都可能存在批次不同性能不对称的风险，最好的方式是新购双机系统（何炯此时点头表示认可），光这一项就要300多万预算。另外与小型机配套的存储系统也只能采用相同的封闭式架构，相当昂贵，后续扩容不方便，加上VTL虚拟磁带库备份系统、备份软件也要三四百万。按照规划，要在异地建设灾难备份系统，虽然原来的小型机可以挪过来利旧，但运行其他业务仍然需要添加服务器，存储系统同样少不了。由于数据实时传输的需要，存储网络采用IB（Infiniband，一种高性能计算网络通信系统）或FCSAN架构，这样算下来就是1500万。N公司核算过，统一采用高端X86服务器和NAS（Network Attached Storage，网络附加存储）+IPSAN（在IP网络上构建SAN）存储构建本地加异地的计算、存储、灾备系统，计算能力更高，数据容量更大，对网络改造要求低，数据中心改造的总预算不到500万。

何炯表示，预算不是他要考虑的问题，只关心技术问题，他要的是稳定性、低时延。陆江知道，F公司有足够多的预算，这是何炯这么说的底气所在，不过他们的业务系统对时延的要求真没那么高。

关于第三个问题，罗怀庆耐心地解释道："我们查过ERP软件开发商官网上的资料，它是支持X86平台的。而且我还下载了他们的技术手册，上面有详细的实施环境指导，还有应用案例。"

何炯说："那只是市场宣传材料，软件厂商都希望硬件平台越高端越好,在豪华邮轮和小舢板上泡茶的体验完全不同。另外,宣称支持和愿意安排人力支持也是两码事,一方面要增加工作量,另一方面要承担风险,软件厂商为什么要干这种事?"

显然,连何炯自己都嫌麻烦。硬件采购是刘懿威的事,花钱是公司的事,他为什么要承担更换平台的风险呢?这时,坐在一旁的潘超示意陆江和罗怀庆暂停解释,他换了个缓和的话题,大家讨论一会儿便结束了会议。

走出F公司后,潘超表示何炯的工作自己来做,"何炯说的ERP跟服务器配合问题纯属瞎扯淡,只要用户提出要求,迁移到X86还是小型机上都不是事,反正都要支付服务费,说不定X86还要便宜些。现场跟他争论不合适,他跟刘懿威一样是做技术的,我能搞定,难点在于他们的领导。"

陆江:"他们领导不就是IT总监张重宾吗?不是说他不太管具体的方案,而且有很多公司股份,油盐不进吗?"

潘超:"对,正因为油盐不进,才需要厂商出面啊!我们小经销商只能请客户吃吃饭、喝喝酒啊。讲技术讲发展趋势,不就是你们两位的特长吗?想想看,将1500万的预算压缩到实际支出只有500万,他张重斌在公司里,在老板跟前,该多有面子啊?!"

罗怀庆:"我们现在找的是刘懿威,说好F公司的事都要通过他运作,现在去找张总,他会不会不开心?"

潘超:"肯定会不高兴的,所以我不能出面,由你们去找张总。唉,我也管不了那么多了,项目下不来大家都没好处,光哄他开心有什么用?"

陆江:"我还是有一点担心,1500万预算被我们砍到500万,按说各方面利益都少了啊，IT 部门真会支持我们吗？"

潘超："这你就不懂了，张重斌本来就不是搞 IT 的，所以才授权给刘懿威和何炯去管，他的下一个目标是做副总裁，所以业绩第一。1500 万的项目，难道有人能拿出 500 万分给他吗？150 万都不可能，这些钱还没他一年的股票收入高。他这么年轻，将来升了副总裁，这几百万又算得了什么？至于刘跟何两个人，你们放心好了，他们胃口没那么大，这样的项目他们摆不平。刘搞搞网络可以，跨部门的大项目，他也不敢。"

于是陆江和罗怀庆回公司做了一些准备工作，又找了当地智能制造业 CIO 联盟秘书长作推荐，正式拜访张重斌，并邀请他访问 N 公司总部。张总同意了，陆江便拉着 CIO 联盟秘书长陪同张总一起参观了总部，并与公司高层会晤。

不过这些动作幅度太大，很快引起了竞争对手的注意。就在信息技术部将数据中心改造的正式方案提交给 F 公司的 CEO 审批签字的同时，小型机厂商也通过第三方找到了他。他们是老牌厂商，全球信息化的鼻祖，直接让美国总部的资深技术顾问给 F 公司的 CEO 打了视频电话，告诉他采用 X86 架构服务器风险很大，作为业内领先的跨国公司，他们没必要冒这个险。越洋电话没聊多久，却非常有效，老板的儿子从小在国外长大，英文比中文还要好，对这种沟通方式很受用。他回国时公司早就度过了艰苦创业阶段，儿子花起钱来自然要比老子大方一些。他担任 CEO 之后，手下人明显能感受到他的风格跟董事长有很大差异，他希望公司在管理上，在信息化上都要向全球一流企业看齐。

于是 F 公司的 CEO 回复张重斌，希望他能修正数据中心改造方案，延续之前以小型机为核心的硬件架构。

陆江得到消息后吓了一跳，区区几百万的项目竟然惊动了CEO？销售利器"三板斧"都使过了，原以为十拿九稳的项目，现在又跳出个CEO来，如何是好？他急忙找潘超商议。

潘超："别急，我们慢慢分析，这事还不一定。"

陆江："怎么说？他们是民营企业，还有谁能改变CEO的决策呢？"

潘超："论专业知识我不如你们厂商，但我比你年龄大，对于人性这块体会比你深。谁能改变CEO的决策？这还不简单吗，当然是CEO的爸爸啊！"

陆江："你是说董事长？他不是移交权力了吗？就这么点小事，他会管吗？再说老子要培养儿子，哪有不维护儿子决策的？"

潘超："对于F公司，你不如我了解得多。我观察这家企业十多年，做供应商也有五年了。老板是一个很强势的人，他创办这家公司有二十多年了，公司也就相当于他的另一个孩子，怎么可能彻底放手让大儿子管呢？事实上，公司里很多事老板跟儿子都意见相左，总有一天，老板还要亲自管公司。况且他儿子也不太愿意接班，老想着自己创业。他那个年纪的人，你知道的，越有钱越抠门，别说IT系统跟国际接轨，工资跟国际接轨也喊了很多年啊，现在只有管理层的股票跟国际接轨了，员工薪资还是国内同业水平。说到这个IT系统，五年前他儿子审批费用时，他就拦腰砍了一半。那台小型机是超低价买进来的，人家等他扩容等了五年。当年刘懿威、何炯还是两个什么话语权都没有的小工程师。这次数据中心改造，方案提上去预算500万，他儿子直接改成1500万，这老爸知道了能同意吗？"

陆江："分析得有道理。但是，董事长如果不知道，这事不就过去了吗？"

潘超："没错，CEO让干什么，张重斌肯定照做，他不会跳过老板的儿子找老板的，所以这个信息得通过别人透露给老板。而且我敢肯定，如果你们公司领导能找到他们老板打个招呼的话，对张重斌有利，他不会不高兴的。因为老板的儿子曾经想找个有海外背景的人替代他当IT总监，老板没同意。张重斌要当副总裁，除非老板重新出山。"

陆江："通过谁呢？你有什么路子？"

潘超："跟上次一样，搞不定。我层级不够，做工程师、小主管的工作没问题，搞定领导真不行，他们这样的大老板也不跟我们小公司打交道啊。我们就是跟着厂商混的，做点技术服务赚点小钱，没有搞大项目的能力。"

陆江立即行动，单独拜访了一次张总。张总说公司为了稳妥，还是想延续原来的小型机方案，他认为N公司给人印象深刻，后续肯定还有合作机会。陆江从张总的表情上看得出来，他相当失望，这从侧面印证了潘超说法：找大老板是管用的。

从张总办公室出来，走在F公司的园区里，陆江一直在想，怎样才能接触到大老板呢？虽然还没找到办法，但最好还得先拜访CEO，如果项目不成也死心了。万一项目能成，CEO这关还是要过的，他得做些铺垫。突然产生一个想法：既然已经来了，何不试试直接勇闯CEO办公室？

刚出电梯陆江就碰见了楼层秘书，因为没预约他被拒绝了，不过碰巧CEO从里往外走，见有人找，便问秘书什么事。按照惯例，CEO会让访客去找信息技术部，不想秘书通报后，CEO决定花几分钟亲自接见陆江。这时他反而紧张起来，该说什么呢？

CEO办公室很大，地面铺着厚厚的地毯，墙面贴有深色的木质隔音材料；会客区挂着董事长、CEO 与各级领导人合影的相片，时间跨度足足有二十年以上。陆江不禁感叹，这父子俩长得还真像啊。室内安静极了，以至于他能听到自己的脚步和心跳声。

落座后陆江反而不紧张了，毕竟受过专业训练，他用一分钟介绍了公司和自己，然后花三分钟概述了产品和解决方案对于 F 公司的价值，虽然时间很短，但他自己都被感动了，想必别人听起来也会觉得挺真诚的。

CEO 答道："看过张重斌提交上来的材料了，他既然能把方案提上来，说明你们的产品还是很有竞争力的。我在美国生活的时间更长一些，所以对美国的厂商比较了解，公司也一直用的是进口设备。不过我也听说国内的 IT 产业发展迅猛，知道 N 公司也在拓展海外市场，没想到第一次接触你们还是在自己的项目中。刚才你几句话就把方案讲清楚了，让我感到国内的人才素质一点儿也不输给美国的那些跨国公司嘛。"

陆江："过奖，过奖。我们现在也算跨国公司，所以产品、方案、员工，各方面的能力都要跟上。"说完，他又觉得有点"凡尔赛"嫌疑，于是打住。

CEO："我们 F 公司跟 N 公司有不少共同之处，都是起源于中国的企业，都在走全球化道路，今后可以多交流多互动，相信一定会有可合作之处。我个人对信息技术还是很感兴趣的，只是没有太多的时间去了解，有机会也去你们 N 公司学习学习。"

陆江："欢迎，欢迎。"

CEO："话题回到我们这个项目上来。我们是很希望能用国产设备的，不过在选择方案时，要考虑现有系统的平滑升级，考虑到硬件和软件的配合，还有厂商实施人员之间的配合问题。前期项目 ERP 和小型机厂商配合得比较好，接下来我们要在几种方案中综合考虑再做决策。"

陆江知道，自己该说的话都说清楚了，对方也听明白了，之所以还这么讲，是因为对方还在坚持自己的想法，这时候继续说什么也无益于项目。他于是将话题引向邀请对方去总部访问，表示高层很希望跟F公司这样优秀的企业交流信息化需求，然后便告辞了。

这次拜访机会在意料之外，效果则在预料之中。让人沮丧的是对方固执己见，欣慰的是对方没把话说死。

回到公司后，陆江找各部门了解有什么资源可以接触到F公司的董事长，大家都摇头，说这家公司老板比我们老板派头都大，怎么接触？他只好又去找各种客户、协会、联盟，甚至记者、律师打听，都没有直接有效的渠道。怎么办呢？

正在此时，潘超给他打了一个电话，告诉他F公司的董事长将于第二天一早从机场出发去香港转机，并告诉他航班号。

陆江："你怎么知道的？"

潘超："管那么多干吗，我在F公司还有别的眼线。老板马上就要出国了，这是唯一的机会，错过就没有了。还好到香港这一段不用签证，你的通行证在有效期内吧？"

陆江立即放下了手上的工作，精心制作了一份只有几页的彩色PPT材料，晚上赶到机场边的经济型酒店住了一夜。然后一大早在贵宾厅里候着，等待开启自己的第一次头等舱之旅。

陆江果然在这里碰见了董事长，他找了个间隙冲上前去打招呼，在其助理反应过来之前，告知他前几天刚与CEO见过面并交流了数据中心项目，今天就幸运地在机场偶遇了董事长。董事长一听对方刚刚见过自己的儿子，便停下来微笑着和他寒暄了几句。这时陆江并不急于将材料拿出来讲解，寒暄过后便礼貌地说："您先休息，改天您方便时再向您汇报。"然后便安静地坐在一边打开电脑工作起来。董事长没时间休息，他一直在给助理交代工作，其间还接了几个电话，直到登机。

登机入座后，陆江又一个箭步上前，向董事长打了个招呼，将材料递了过去，说是刚打印好的。飞机进入平流层之后，董事长助理走过来找陆江，说他俩换个位子，董事长有话对他讲。原来董事长看了材料之后，觉得很有必要了解情况。如此陆江便有充足时间介绍自己的解决方案以及项目的来龙去脉。他讲了十分钟，又回答了董事长关注的一些问题，便已经感觉曙光在望了。后来他又想起一个样板点应用案例来，连忙讲给董事长听，董事长说真应该让信息技术部好好去现场学习一下……不知不觉过了一个小时，交流结束，董事长困意上来了，陆江道："您先休息，辛苦了。"便与董事长助理换回自己的座位。

陆江眺望窗外，白云之下碧波万顷，偶有几座小岛露出海面，显得特别温馨，周边白白的一圈便是沙滩与浪花了。他感到轻松极了，甚至有心情来想象小岛上的度假生活……

从香港回来后没几天，他便接到了张总的电话，说公司讨论后还是决定采用X86架构服务器集群+IP网络存储，希望能尽快去参观N公司的多路服务器应用样板点，他们一行三人，除了他之外还有刘懿威、何炯。

一个月后，陆江拿到了F公司的订单。竞争对手至今不知其中发生了什么。

关键 6　放弃比坚持更有利的四种情况

关于放弃这个话题，曾有一位老领导在公司内部的销售交流会上问大家："你们有没有遇到这种情况，不管你怎么做，怎么讨好客户，对方就是不喜欢你，就是不给你机会？"

在座的销售们想了想，纷纷说有。领导接着说："人际交往中有些事很奇妙，不管你有多优秀，多讨喜，总有个别人不喜欢你。就像春晚上的小品，不管表演得多好，也不能指望百分之百的观众会喜欢，有人就是看不惯这个演员，看不惯他的表情，甚至看不惯他的长相。怎么办？放弃！一味讨好那些不喜欢你的人，倒不如将时间和精力集中起来服务于那些喜欢你的人，收益会更大。不管你怎么做都不喜欢你的那几个人，我们解释为跟他没眼缘。"

"各位资深的销售经理，你们不受欢迎的因素，可能自己从来就没有想到过，比如：客户不喜欢你说话的嗓音，不喜欢你的举手投足，或者你长得像客户小时候特别讨厌的一个人，甚至你长得特别像隔壁老王……都有可能让对方特别讨厌你，但他绝对不会告诉你真正的原因。"

因为不讨喜而被迫放弃项目，是最冤的一种情况了。不过这种情形不能随便套用，不能轻易将丢单的原因归结于此。事实上它发生的概率很低。一般遇到没有眼缘的人并不会有什么后果，除非是同宿舍的同学，或者同部门的同事，你们发生冲突的可能性很高。而客户并不与你朝夕相处，因此而排斥你的概率并不高。

万一这种情况真的发生了，也有补救的方式。比如让负责售前的同事替代你做客户工作，也许对方是个技术控，喜欢和懂技术的人打交道；或者换个生活经历不同，甚至性别不同的销售……都可以。最差的情况，你的同事搞定了项目，显得你很笨拙。但对于公司，对于整个团队来说没有差别，项目还是到手了。你把精力放在其他项目上同样有收获，做任何事都有机会成本和时间成本。总之，放弃项目之前要考虑到所有的选项。

除此之外，还有哪些情况值得我们放弃项目呢？

一、项目预算明显不足

对于有些甲方来说，项目预算不足是暂时的，接下来还会有更多的项目和预算。比如运营商、银行，这样的客户信息化预算总盘子很大，即便偶尔有一两个项目预算没做足，供应商亏钱也会将项目进行下去，他们知道客户会在后续项目中将预算补足的。信息技术的延续性很强，特别是涉及业务和软件开发的项目，"占坑"很重要，这种情况并不属于真正的预算不足。不过有些客户是真正的预算不足，又无后期的项目，销售就要考虑是不是该放弃了。客户可能只有买桑塔纳的钱，却想试驾保时捷，销售、售前陪着做交流、做方案、做测试，折腾几个月下来，发现公司也不可能同意这样的价格，结果一无所获，还不如尽早放弃。我就曾经接触过这么一个类似的项目。

反客为主

某民营医疗集团通过熟人邀请我们去访问，说有大量的网络设备需求。进入这家公司之后，我们产生了一种错觉，错以为自己才是甲方。

对方相当热情，先是CEO在大厅亲自接见，然后由院长陪同参观展厅，讲解领导题字和医疗集团发展历程。进入多功能厅之后，灯光全黑，接着播放了一段激情澎湃的VCR。具体内容介绍不记得了，但记得有很多俯拍的镜头，还有许多医生、护士、病人的笑脸，进来的每个人都兴高采烈，似乎这是一家五星级旅游饭店。末尾一分钟音乐特别激昂，让人有一种即将进入太空时代，开创人类文明新纪元的感觉。最后灯光全亮，主人们全体起立热烈地鼓掌，我们也只好站起来拍了拍手，跟着傻笑。

参观结束后，按说该进会议室洽谈商务了吧，可院长说："不急，下午再谈需求，我们先去吃饭。"医院开饭早，大家是知道的，可现在才十一点，食堂这么早就备好餐了？我们正疑惑中，一辆豪华中巴开了过来，停在大堂门外，院长招呼我们上车。这不是我们在深圳总部接待客户的考斯特吗，他们怎么也学会这一招了？不过，我们真的只是乙方啊，有必要这么客气吗？

中巴开了十几分钟，把我们带到一家颇具暴发户气质的豪华酒楼。下车时我对同行的同事说："坏了，别人反客为主，这么高规格招待我们，感觉有坑。"同事却笑道："想多了吧？就吃人家一顿饭而已，你习惯了埋单还是咋的？我们是乙方，又不掏钱，难道他们要从我身上割个肾吗？"

进包厢后，发现董事长夫人已经笑眯眯地等在那里了，按照中国人的说法，老板娘亲自接待，比老板的规格还高。现场还有院总务主任、IT总监、护理部主任等人,加上我们正好12位,满满当当坐了一大桌,相互介绍和握手就花了十几分钟。"怎么还有护理部主任呢?"同事窃语道,"你发现没,护理部主任是今天的颜值担当。"果然,话题一会儿就落在她身上了,听老板娘介绍说她原本是东北某三甲医院的护士长,随同老公来上海安家落户的。想必上海的三甲医院解决不了编制,便找了个民营医院,不过职位一下子上升为护理部主任了。

酒桌上气氛越好,我便越慌张。只有同事们不以为然,跟着客户喝起了白酒,还打了一圈又一圈的"通关"。大中午的喝酒,接下来怎么干活?

担心成了现实。下午,IT总监带我们进了会议室,开始谈需求,做方案,还一个劲地催进度,说老板娘在隔壁等着呢。售前同事喝多了,躺在沙发上睡觉,我只好自己动手,拓扑图就免了,幸好只是硬件,网络设备的方案又比较简单,平时产品配置报价信手拈来。设备不算多,100多万就够了,我把报价表发给了IT总监,他却大吃一惊道:"这个方案是我们集团一整年的IT预算,现在就一个院区,没那么多预算啊。当然,贵公司如果打算半卖半送的话,我也可以给老板娘看看,不过依我们老板娘的风格……"不消他多说,我立即重新做了一份报价,将数据中心和汇聚层交换机都换低了一个层次,报价降为50万。他打印一份找老板娘去了。

没几分钟,慈爱的老板娘走了进来,笑眯眯地对我说:"小钱,我们知道,网络设备的公开报价和成交价之间差距很大,你这个50万,申请个特价也就20多万吧?既然我们两家公司已经建立了战略合作关系,这20多万就算了吧。"

"不不不,"我的同事突然醒了,从沙发上跳了起来:"不行,这个我们说了不算,公司除了老板谁说了也不算,肯定不能赠送。钱总早就考虑到双方的友好合作关系,折扣已经到底了,而且我们一位高级副总裁跟你们是老乡,我们不可能报虚价。"他一连说了八个不字。

"那就向你们老板再申请一下吧,送给我们这批设备,集团明年全部网络设备都用你们的,还可以帮你们做宣传……"

一提到宣传,同事更着急了,坏了,如果这家民营医疗集团到处做广告说用了我们的设备,是我们的战略合作伙伴,岂不损害了公司的品牌价值?"不不不,公司有专门的品牌管理部门,做宣传还得征询她们同意,我们搞不定的。另外我们几年也见不到老板一次,上哪去申请赠送啊,真的不可以。"他又说了六个不,终于意识到今天客户的盛情款待是个大坑。

老板娘脸色立刻就变了:"那不行,你们不能这么做事,项目周期很紧张的,今天务必把方案定好。"人家只说了两个不,然后就出去了,留下IT总监与我们交涉。这时IT总监对我们说:"你们看着办吧,没有我们老板娘办不成的事……"同事心想,你们老板娘什么态度跟我们什么关系,我们不卖设备还不行吗?大不了项目不做了,"那我们先回去请示一下领导吧。"显然,他想金蝉脱壳。

可是还真不行,他们死活不让我们离开。这时我们发现自己真的遇到了麻烦,再看这IT总监已经没有中午的好感了,他的黑西服已经不能代表IT业的严谨,倒像是黑社会。他也直言不讳地说,自己原来是搞娱乐业的,黑道白道都混过,因为对VOD点歌系统感兴趣才走进了IT行业,今天这事务必有个结果,否则这总监他也不用干了。

同事傻眼了,他对我耳语道:"我们就像那些病人一样,不成交就别想走出这家医院的大门。"

我便回他道："现在你的肾可以发挥作用了。"

他一脸惨白。

怎么办？当然不能继续拿同事的肾开玩笑，还是妥协吧。我又飞快地打开了电脑，将核心交换机换了个子型号，将汇聚与接入合二为一，形成两层架构，将折扣调到最低，原厂服务换成经销商服务，总算把价格降到了20多万，并给一家可靠的经销商打了电话，安排他们接这个单子，又短信告知"务必收到全款后再发货，实施项目。"然后我跟这位夜总会经理出身的IT总监说："已向领导申请过特价了，半价支持你们，从50多万降到了20多万，应该符合你们的预算了。项目商务和实施方面，我们会安排最好的经销商来执行。"IT总监将信将疑，看得出来他也疲惫了，于是向老板娘汇报。老板娘又说："我们已经是战略合作伙伴关系了，应该跟厂商签合同，不要通过什么经销商。"

同事连忙抢话解释道："没错，我们是战略合作伙伴关系，不过您知道的，还得走公司审批流程。另外，我们除了运营商，所有合同都必须通过经销商，我们厂商不直接签合同的，这就跟卖空调冰箱一个道理啊，厂商要是跟一个个用户签，商务、财务、物流，哪里忙得过来呀。"

夜幕降临，我们终于离开了这家医院，想着能回公司加班，感到无比自由。我对同事说："你看，幸福这东西主要在于对比，平时大家觉得996很辛苦，但跟白天的遭遇一比，便立刻觉得幸福了。"

他拍了拍自己的腰，咧着嘴笑道："只要肾在，007也没关系。"

二、时间、机会成本高

有些项目表面看起来很有价值,做下来会很风光,可一旦仔细评估销售人员背后付出的努力、统计时间和机会成本之后,就会发现,很多项目只是"看上去很美"。对于这类项目,一定要慎之又慎,学会事前评估和及时止损。

惨胜如败

负责教育行业的 H 厂商销售小陶有一年开年时领到的任务指标是 1000 万,他的领导老高在春节后立即将他的数字增长为 1500 万。即便如此,老高觉得小陶在他的团队中完成数字的概率还是最大的,因为有一所 D 大学新校区的项目下来了,确定将在年内完成招标采购,新校区的硬件需求就至少有 1500 万,其中适合他们的部分至少在 1000 万以上。校长对 H 品牌有明显的意向,希望借此建立校企合作。虽然如此,小陶还是有点惶惶然,因为他从未背过这么高的数字,领导说:"有我在你还担心什么,剩下四五百万,不到 1/3,随便找几个单子就完成了。你今年的重中之重就是把 D 大学的项目做好,这个项目对我们尤其重要,也是团队内部对你的唯一考核。"

于是小陶几乎将所有时间都投入到 D 大学项目中,他主要做信息办、基建处、招标办以及集成商的工作,老高则常出面帮小陶做学校领导的工作。

上半年的工作进展顺利,虽然事情比较多,项目建议书、招标文件初稿,都需要投入大量人力;但也有好处,校方全是按 H 厂商的解决方案和产品技术参数写的。新校区土建施工进展也很快,校方计划利用暑假的时间完成弱电和信息系统招标，如果九月份或十月份开始弱电施工，年底就可以安装网络和机房设备，争取明年春节后启用新校区。

即将招标时，发生了一件大事：D大学的校长被"双规"了。这是所有人都没想到的，至少在H厂商接触的范围内，没人事先知道相关信息。由于缺了领导签字这个环节，招标文件未能按时发出。

小陶急坏了，他去找信息办主任、基建处处长、招标办主任，问他们该怎么办？大家都说这事得等一等，学校里人心惶惶，各种流言满天飞，不知道除了校长之外还会牵涉到谁。

九月份开学后，有消息说工程总包方和校长有牵连，基建处处长也进去了。因此新校区的施工进度受到了影响，春节后启用新校区的计划要推延，弱电和信息系统的招标也就不着急了。眼看就要到手的项目推迟了，小陶只好赶紧调整工作计划，趁着开学季去做其他客户的工作。可当年除了D大学再无新校区信息化项目落地，其他稍大点儿的项目都是前一年做好规划的，归属早已明确。小陶拼命跑拼命抢，两个月后到手的项目也只有三四百万，客户已经相当给面子了。这一年下来，小陶的业绩完成率只有1/3，差额就在于D大学的项目。

第二年初，D大学新领导就位，第一件事就是推动新校区项目，从基建来看，大部分沿用了原有的供应商。这是自然的，更换供应商哪有这么容易。招标过的，还得继续执行；没有招标的，要修正也得有人去推动。老高拜访了一圈校领导，觉得校方没人会动IT系统的方案，便对小陶说："没关系，去年没完成的，今年继续努力，你今年的数字还是1500万，D大学仍然是重中之重。我们一时半会儿上哪去找这么大项目啊，一定要确保万无一失。这个项目不只是教育系统在关注，连中国区老大都知道呢。做好了，总部领导和校长出席签个战略合作协议；

做丢了，恐怕你我都担当不起啊。"

小陶只好继续将工作重心放在 D 大学上面。开春后，信息办主任通知他，校长要求所有未招标的系统都必须修改技术方案、产品指标、资质及评分要求，确保不会有品牌倾向，要经得起质疑，因此招标文件要重新做一稿。

这个工作很难做，前期已经投入了那么多，如果所有的招标要求都公平的话，怎么确保自己中标呢？所有厂商都知道校方之前默认选 H 品牌，如果他们也能轻松满足这些指标，岂不都投低价？等于白捡的项目啊。所以各项指标必须是看起来公正，无法找到可投诉的点，但实际操作时别家要付出很高的代价，比如必须有很全的资质或高一层次的产品才能勉强达到要求，最终得分还不如 H 厂商。信息办主任还说，文件做好后不要发邮件过来，用 U 盘拷贝好后送过来，文件里不能有任何 H 厂商的 LOGO、特征。这两方面的要求难坏了小陶和售前工程师。一个新校区，除了交换机、路由器、防火墙、终端接入控制网关等网络设备，还有服务器、存储、软件等主机系统，以及 UPS（不间断电源）等能源基础设施，要保证所有设备都写出优势很难。别家一不满足就会质疑，甲方必须做出详细解释，这样投标截止日期就得拖延。

他们花了两周时间加班加点修改文件，在公司内的大项目部评审过关后送到了学校，结果信息办主任狠狠地教训了小陶一顿："你这是要我坐牢吗？文件发出去肯定被质疑啊，让我怎么解释？"

"主任，我知道，可指标写得太通用了，我们公司大项目部不同意啊！公司不同意，我们连价格和授权都拿不下来。"

"是厂商招标还是学校招标？到底谁是甲方？你们前期做了很多工作不假，但是总得想办法把流程走通啊，你这么写方案是用枪顶着我上啊，我要是被投诉项目不也完了吗？你跟高总讲，这么搞肯定不行。他懂的，今年情形不同了，让厂商主笔写招标文件已经违规了，被人知道我们都得被免职。"

两周的时间白费了，这是预料中的结果，小陶没想到的是连信息办主任这关都过不去。他让售前给公司大项目部发邮件，意思是：看吧，我们说了这么搞不行吧？大项目部也毫不客气地回复：那你们有什么办法确保中标？提出来，合理的话，我们就通过。

一般的套路谁都会，销售工作的难处就在于这些细节。怎么办？一线就像风箱里的老鼠，两头受气，客户这边是上帝，公司内部的职能部门则大权在握。

似乎没有别的选择，只能走中间道路，往两边都寻求妥协。小陶的项目小组修改了一些偏向明显的条目，说服公司这边同意，然后再去找校方，劝他们就这么交给招标公司试试。几个回合下来，又过去将近一个月，标书终于提交到了招标办。

结果招标办说，学校承受的压力太大，需要更改招标公司，新的招标公司是教委指定的，他们也不熟悉。招标公司还算客气，只把集成商资质要求修改了，方案和参数没动，因为他们根本就不懂IT系统，找的评审专家也提不出太多意见来。

小陶想去找找招标公司，被主任制止了。他说："情况不明适得其反。眼下的情况，招标公司一定不敢接触供应商。做专家工作也要慎重，标前评审和评标专家根本就不是一批人。专家库都跟以往不同，他们可能只懂弱电，不懂信息系统。因为学校为了降低项目关注度，准备将信息系统打包进弱电系统一同招标。"

老高得知情况后不禁急得跳了起来："什么？把IT系统打包进弱

电？那我们岂不要跟在集成商屁股后头跑了？还要看他们的脸色？不行，我得找找他们领导去。"

将项目整体打包，交给教委指定的招标公司去招标，对学校来说是最省事，风险也最小的方案，从校长到各个部门都不用承担太多的责任。因此找领导归找领导，校方的决定不可能因老高的要求而改变。

于是小陶又多了一项工作，去找有可能中标的弱电智能化公司，说服他们投自己的产品。这项工作的难度更大了，既要让他们相信投自家的产品更受用户欢迎，又要保证产品价格有竞争力且利润足够，等于穿着沉重铠甲跟别人赛跑。集成商和用户不同，对他们来说，利益高于交情，你H厂商说自己做了大量前期方案设计工作，在甲方的品牌认可度高，但竞争对手出低价怎么办呢？目前情形下，怎么把先行优势转化为竞争优势呢？他们认为H厂商的先发优势已经不存在了，接下来纯粹就是价格竞争。

老高和小陶都意识到了这个现实，可说服不了公司内各个部门。"怎么？我们跟了两年的项目，结果要跟别人打价格战？还不如这两年里什么都不干！甲方不能这么不认账，我们安排了这么多人力一轮一轮地做方案，现在招起标来一点儿优势都没有……"

一线没有选择，只能枪口对外，能从客户处争取到什么条件就必须争取，这样在公司内才有回旋余地。他和小陶一起向校方要求支持，理由当然只能是前期对学校支持比较大。校方给予了口头上的道义支持，只要有人来问，都说H厂商在前期方案中做了很多工作，至于能起多大的效果就仁者见仁、智者见智。

老高动用公司在当地的影响力向有合作关系的智能化集成商施压，要求他们必须跟自己合作，取得了一定的效果。但这种办法挂一漏万，多数外地集成商不听使唤，竞争对手也有自己的死党，因此只能保证有足够数量的公司投自家产品，并不能有效遏制对手。

又一个暑假即将来临，招标文件发出了，内容基本公正，细节上照顾到前期做了大量工作的厂商，因此校方完全没有压力。虽然如此，公示期间还是有其他商家质疑的，毕竟是上千万的项目。有质疑智能化资质要求过严的，也有质疑网络设备技术指标的，业主方都按厂商预备的答案一一回复了。

投标截止日前一天，小陶通过自己的"谍报"系统了解到，竞争厂商打算投个超低价，价格将在第二天凌晨给到集成商。这样即便泄密别人也来不及更改标书了，因为九点半开标。老高和小陶觉得大事不妙，现在向公司申请更低的特价已经来不及了，关键是根本不知道多低才是低。竞争对手没有前期投入，只要中标就赚了一个项目，理论上什么价格都有可能。他们擅自降价的话，万一猜错价格，不中标叠加先斩后奏，会被公司严肃处理。

主任也不同意他们随意变更价格，因为商家投标价格如果都远远低于预算，就说明业主之前的方案有问题，中间留的一大块空间更说不清楚。"弱电智能化加IT系统，盘子大了，你们的价格劣势应该不明显了吧？工程上的成本总归比较刚性，你们不要疑神疑鬼，先投好了，万一不行我这里还有一招。"

老高问是什么招数。主任说："接下来不是暑假嘛，校方有时间再招一次标，废标的理由多得是，关键看评标现场业主有多大的话语权，能否按既定计划拉开技术分以弥补价格分的差距。"老高和小陶只得同意。

第二天上午，唱标的结果出来了，情况非常不妙。有两家的总包价几乎是贴着预算报的，将近3000万，那是小陶安排来做掩护和拉高均价的。真正的主力投的是在2500万~2800万，其中他们H厂商的设备就占了1000万以上。可是，最低的总包价还不到2000万，其中和H厂商对应的设备总值只有六七百万。在评标环节，无论甲方如何提示，专家们在技术评分上始终拉不开差距。有些产品明显低一个档次，不符合招标要求，也通过了，甚至跟别家分数一样。没办法，专家跟业主都不熟啊，有校长的案子在前，没人把甲方的意见太当回事。

眼看局面就要失控，信息办主任使出了撒手锏，通过招标公司宣布：鉴于各供应商投标方案和报价差距过大，甲方需重新审视整个智慧校园解决方案，以便进一步明确技术要求，并调整各部分占比，使评分办法更具刚性，所以本次招标作废。

于是接下来的整个暑假，小陶又在忙着准备二次招标的事，这次他和老高都想明白了，什么前期工作的品牌影响力，什么技术指标，什么大项目审批，统统扔一边去，只有低价才是硬道理，只要他们H厂商降价到底，别的厂商就没有生存余地。通过这次招标可以看出来，他们唯一的缺点就是价格。为了确保价格优势，他们还怂恿校方和招标公司设置了工程保证金，就是说为了确保项目成功，新校区建设的大总包商向这次中标单位收取15%的保证金，中标后立即缴纳，以确保项目实施各方配合良好。实际上，与总包商有良好合作关系的集成商根本不用缴纳，这条就是用来吓唬那些连甲方都没见过的公司。

八月底，D大学智慧校园的项目开始二次招标，H厂商的集成商投出了1500万的总价，其中H厂商的产品不到500万。他们以最低价和最高分中标，没有任何可质疑之处。校方的二次招标广受赞誉，因为他们给国家节约了一半经费，导致当年其他单位也纷纷效仿。

小陶拿到了500万的保底数字，不过他这年又没完成销售任务，惨胜如败。老高和小陶后来提到D大学就会感叹：早知如此，还不如将这三年来的精力放在其他项目上呢，这500万耗费的时间和机会成本，至少在1500万以上。

三、定制开发量远超预期

这种情况主要出现在软件等需要二次开发的项目上。一种产品或一家公司要做大做强，除了经营管理的要素外，产品和服务本身一定要满足两个条件：一是利润高，二是交付简单并可大量复制。大家不妨看看如今取得成功的IT企业，是不是都符合这两个条件。

有的软件公司开发的产品全是定制化的，表面上看起来都是毛利，但人工费用太高，几个项目下来，整个公司就处于饱和状态，所有人都忙忙碌碌非常充实，可年终结算下来利润率还不如硬件厂家高。目前国内软件企业大多以定制市场为主，因为有"行业壁垒"保护，只要对行业深入了解，就有生存空间。但这种环境下极难诞生类似微软这样的通用软件企业，所以软件销售额高的几乎都是硬件企业，或者说是以硬件形式交付软件产品的企业。本质上还是"交付简单并可大量复制"这个原则在发挥作用。

IT产品中销售额最高的产品是什么？一个是终端，比如手机和PC。另一个是运营商使用的局端设备。大家想想是不是符合这两个原则呢？如今除了苹果电脑之外，其他PC品牌已不满足高利润这个特征，因此只能做大不能做强，成为IT行业当中的夕阳产品。

其实不只是IT产品要符合这两个原则，其他行业也一样。比如房地产，是不是有企业靠几张图纸复制粘贴，靠雷同的融资模式迅速做大做强了呢？

从销售人员职业发展的角度来看，平台是相当重要的。入职一家有竞争力的企业，一家产品符合以上特征的企业，会省力很多。否则每天、每周、每月、每年都在为定制研发的进度，为项目交付质量而犯愁。

对那些已经在定制化软件企业工作的销售人员来说，并非完全没有前途，也并非要立刻辞职去做通用软件或硬件，毕竟这也是一个市场，它的需求是真实存在的。不过为了提升销售效率，更好地体现自己的价值，你需要在特定客户群和场景中找出"套路"来，本质上还是在一个狭窄的领域践行"简单可重复"和高利润两条原则。这样的"套路"价值很高，因为一般的销售掌握不了，其他行业的高手也无法跨界与你竞争。

而对于那些无法实践这两条原则的小项目，要果断地放弃。

学会放弃有时比打单更重要。对于知名企业的销售，找上门来的项目就不少，如不加区分地均衡用力，结果一定是完成不了承诺的数字。这与"富翁低头捡零钱不划算"是一个道理。

对于小公司的销售来说，虽然找到一个项目很不容易，也不能"饥不择食"。有些销售人员频繁跳槽，每份工作都干不满一年，本质上就是没有遴选出合适的项目，没有找到可以重复自己价值的"套路"。有些销售看起来很勤奋，却总是完成不了任务，本质上还是他接触的项目太少，逮着一个就跟，不愿意或者根本就不敢放弃，不管对方有钱没钱，项目质量高不高，有没有长期价值。

许多公司都留有几位客户口中的"老好人"，说白了就是那种不懂得拒绝，不懂得遴选客户的销售。他们绝对不是销售高手的潜在竞争者，但他们对于团队也是有价值的，领导会将一些很棘手的项目交给他们处理。他们是销售队伍的"主力后卫"，既安抚了客户，又保护了同事，但实现不了自己的梦想。

四、自己和公司的能力都远远达不到

鲁迅先生说过"焦大不会爱上林妹妹"，这是因为在一个稳定的环境中不同阶层的人们审美观不同，生活追求也不同，门不当户不对自然凑不到一起来。销售工作也一样，不同能级的厂商和产品，对应的客户群也不同。本书中还有单独的一章讲解销售与"拍拖"，讲解两个领域的相似点。

当然，如果环境发生变化，情况就没有这么绝对了，这个世界上错配的人和事多了去了。就是因为存在这样的特例，销售有时候也会自信心爆棚，勇于挑战一些"高能级"的项目。这种挑战不能说不对，有的时候甚至值得鼓励，但总体来说，销售要做赢面概率大的事，这样才能成为销售高手。

如果供职于深圳的消费级网络设备厂商，非要加入他们的行业客户销售团队，去和国际一流的大厂商竞争运营商、金融、能源等行业的标杆性大项目，未免有点以卵击石，即便偶尔成功，也不能改变大局。到年底，会发现公司的销售高手还是那些做电商做分销的渠道销售代表。其实这些行业还有些低端设备的需求，比如运营商的家庭网关、金融业的小客户支付终端、加油站的网关设备等。

即便是一些大公司，在推出高端计算、存储、网络产品的早期，也会注意避开一些核心业务系统，比如证券交易系统、银行的存贷款业务，而暂时将重点放在票据影像、代收费、大数据等项目上。在这些采用大型机、小型机的核心业务领域，用户确实不太敢用 X86 服务器，软件开发商也不太支持。在未来相当长的时间里，国内厂商生产不了真正的 RISC 架构大型机、小型机，因为处于核心的 CPU（Central Processing Unit，中央处理器）技术还无法取得真正的突破。

相反，有些小公司在某些细分市场上已经将产品做到极致了，大公司的销售也要放弃该细分领域。因为这对于自己来说是个"鸡肋"市场，同样是 500 万，别人拿到这个数字就可以成为公司的销售高手，而你的任务是 5000 万，捡了芝麻丢了西瓜，在公司里有可能业绩垫底，何况极有可能捡不到。

举个例子，有的小厂商开发的医院的"防统方"（防止随意统计处方）设备，在其他厂商叫数据库审计，虽然大公司产品的功能更加齐全，但在"防统方"这个需求上就是弱项，就应该彻底放弃这个市场。

还有十多年前的"网吧路由器"，这类路由器厂商已经将计费、负载均衡、QoS（Quality of Service，服务质量）、游戏管控等功能做得很极致了，大公司显然不会将研发力量投入在如此细分的应用领域。市场上也很难将有些细枝末节的，甚至听都没听说的需求准确反馈回来，这同样也是一种"能力达不到"，所以大公司的销售们也应该放弃。

关键7 像"拍拖"一样做销售

"拍拖"

为什么人们总拿"拍拖"与销售活动类比呢?

"拍拖"就是谈恋爱,是广东人的说法,因得改革开放风气之先,南风北渐,这种说法就在全国流行开来。销售培训本来就是市经济的东西,向来比较容易吸收引领风尚的词语,于是在圈内"拍拖"常拿来形容销售与客户之间的关系。

"拍拖"中大部分情形都是男方主动追求女方,销售活动也是一样,乙方追着甲方跑,凭这一点,就有八成相似度,足以让培训师们编出一堆的故事来。"拍拖"中偶尔也有女追男,当然,甲方求着乙方把产品卖给自己的情况也不是没出现过。女追男,隔层纱,成功概率很高;同样,甲方主动要求跟乙方签合同,一般都没什么问题。

我们还是先分析主流的情形。男生追女生的套路,基本上都可以用在销售做客户工作的过程中。早期的销售做客户关系,无非也是从约见面、吃饭、送礼物开始,如今无论国有还是私营单位反腐力度都很大,这样的活动有所收敛,而且经济发展了,客户收入也高了,未必看得上几顿饭和那点小礼品。同样，现在的女性也很独立，收入也不错，"拍拖"过程中未必会接受男方的宴请和礼物，主动要求AA制的情况也不少。

万事开头难，"拍拖"最大的难点在于怎么向女方开口，怎么提出约会请求。找客户也一样，拿起电话要怎么说，客户才愿意见你一面呢？培训师告诉大家，要做功课，要真诚，就像对待你仰慕已久的异性一样。

做功课这事很不简单。

如果男人没有内涵，一开口就能让女方听出浅薄来，是因为她知识广博吗？未必，只是追她的人太多，有太多的参照系。销售也一样，没几句话，客户就能知道你有几斤几两，客户都是算命先生吗？不，他只是接触的供应商太多。

所以销售一定要好好学习。首先要深入了解行业背景、产品知识、技术方案，至少成为一个业内人士，站在这个行业平台上，要能对得起自己脚下的岗位。

其次，"拍拖"双方社会阶层不能差异太大，否则没有共同语言。销售和客户也一样，连处长都没见过几个的新销售，突然要去约厅长、局长见面，知道见面要怎么打招呼吗？对方的气场首先就把自己压倒了。如果你爸是个处长，那么就有先天优势，说明你已经跟处长打交道二十多年了，还怕什么呢？可有些农村来的孩子，大学里又没完成城市化改造，突然就去做销售工作，见到级别高点的客户就哆嗦，那还谈什么呢？递了张名片，背了段台词就自己就找个理由溜走了，跟小矮人向白雪公主表白后就逃跑有什么差异？

进入实际操作阶段，销售去约客户之前，尽量通过熟人、网络了解对方的大致背景，想好自己的台词，预测对方的回复，再想想自己的应对话术。有经验的销售还没见过客户就已经了解对方的教育背景、履历、工作风格，甚至连吸烟与否，爱喝什么酒等生活小癖好都打探过了。这些道理跟"拍拖"是一样的，给女朋友打电话预约也是要做功课的。

拿起电话打给客户这事还有很多讲究，在很多销售培训中，陌生电话拜访往往作为单独的一课来练习。没经验的销售，电话中往往不能很好地贯彻之前做的功课，丢三落四，有时紧张得连自我介绍都忘了。忘记自我介绍问题倒不大，客户会很自然地问："你哪位啊？"销售顺着回答就好。如果忘记预约现场拜访的时间了，电话就白打了。"拍拖"也一样，没经验的小伙子在对方挂掉电话之后常常会懊悔："我怎么忘记约她明晚一起吃饭呢？再打一个电话合不合适？她会不会觉得我说话做事丢三落四、很不靠谱啊？"女朋友会这么认为，客户也会，一个连电话预约经验都没有的销售，被拒绝的概率很大，"哦，这周的日程都安排满了，没时间，下个月吧。"什么样的CIO会忙得连见见供应商的时间都没有？这本来就是他的工作啊，CIO一不写代码编软件，二不爬架子安装网络，日常事务就是协调各种资源，工作内容天然地包含与供应商交流。他拒绝的只是电话里这位销售而已，换个人，换个说法，也许就会抽出半个小时来见见。

关于做功课这事，下面我就讲一个真实的案例。

画蛇添足

曾有位新销售计划给可口可乐公司的IT部门打电话。他也做了一些准备工作，从ERP中了解到公司曾为百事可乐公司做过供应商，他如获至宝，于是提起电话就打了。他先介绍了一通自己和公司，对方也挺客气的，说知道这家公司服务不错，明天上午有空，可以过来交流。这时他不知怎么想的，大概是觉得"意犹未尽"，又在电话里多说了一句："我们还是百事可乐的供应商呢，相信你们两家公司的业务都差不多，我可以找服务过他们的工程师来为你们做方案。"

对方大惊："什么？能再说一遍吗？"于是他又重复了一遍。

"那你明天还是别来了。"语气冷冷的。

"啊？……"他从未遇到这种情况，不知道发生了什么，但能感觉到对方的态度发生了180°急转弯，有点不知所措。

对方并没有立即挂电话，而是停顿一下说道："抱歉啊，没别的意思，不过我还是要说明两点：第一，我们是业内第一的公司，对IT系统有自己的要求，而不是参考别人的方案。供应商必须为我们保守秘密，同时我们也不想打听别人的秘密。第二，你说的那家公司，他们的供应商我们能不用就不用，希望你能理解。"

……

毫无疑问，他和他所在的公司都与这个客户无缘了。这里他犯了一连串致命错误：一是功课没做完整，没有了解到两家客户之间的竞争态势到达一种什么程度。二是讲了废话。日常生活中讲些废话不要紧，但在商务活动中就很要命。他已经约到客户了，那么挂完电话继续为面访做功课就好，没必要再加一句"我们还是百事可乐的供应商"。第一次接触客户，但凡拿不准该讲不该讲的，就不要讲，一句话能解决问题的，就不要讲第二句。三是对信息安全敏感度太低，怎么能拿客户的项目实施经验为其竞争对手服务呢？

这个故事放在"拍拖"中，等于某小伙子前后交往过选美冠亚军，小伙子"诚恳"地告诉新女友，某某是自己的前女友，他为前女友做了哪些事，同样也会为她做一遍。比如，给前女友买过什么东西，也会给她买；领前女友去过哪些餐厅，也会带她去；对前女友说过什么话，也会说给她听……听起来很有诚意，但根本不讨好，而且很可能招来一记耳光。所以，记住"拍拖"时也要少讲废话哦，特别是彼此刚认识时。

约到客户后，该做些什么准备工作呢？跟拍拖一样，销售要注意仪表，准备好说辞，还要选好"礼物"。这"礼物"就是产品资料、公司介绍，以及有可能解决客户疑问的解决方案，能不能打动客户，就要看它的分量和新颖度了。

见面之后该谈点什么呢？千万不要觉得恋人之间谈物质、谈条件很俗气，房和车都没有，相亲失败的概率很高。你有什么条件，不管是委婉还是直接地，总要表达出来。自己有几套房，有多少收入，干吗不找机会讲出来？销售代表见客户也一样，公司有什么样的产品和技术能力，实施团队有多少人，总得讲出来，否则别人怎么知道你的实力？整天跟女朋友谈情怀，谈感情，不涉及将来的具体生活安排，对方只会觉得你是个骗子。

恋人之间的吸引力，源自一些不可名状的因素。销售与客户之间的关系也一样，销售的一言一行都会让客户产生好感或厌恶，从而影响后续的合作。早期的IT外企销售，在客户面前都是炫耀旅行经历，显摆优越感。比如讲自己在全球旅行的见闻，用过什么新奇的IT设备等，因为他们在这方面的确有优势，而当时的客户收入不高，哪儿都没去过，相当于当时的老外找中国人谈恋爱，成功概率很高。如今客户们见多识广，这样的招数已经不太管用了，销售们的重点还得放在产品和解决方案这样的核心竞争力上。

"结婚"

拍拖的目的是结婚，不以结婚为目标的拍拖都是耍流氓。有的商家不做方案不做功课就想冲标拿单子，就是"耍流氓"。有的客户只测试设备，根本不打算购买，也是"耍流氓"。

婚姻的基础之一是经济，家庭本来就是最小的社会经济单元，没有钱怎么过日子？同样的，客户没预算，或公司没实力，就没有合作基础。销售介绍自家公司和自家产品的过程，跟相亲时的自我介绍是一个性质，目的就是为了让对方选择你，跟你"结婚"跟你合作。因此PPT不但要做得漂亮，还得有干货，让客户认可你的能力。

如果有人将销售工作的七个阶段管理方法也引入"拍拖"当中，无疑也可以提升恋爱成功率。客户拜访和技术交流相当于吃饭、看电影，项目测试可能类似于同居，在SS4中建立信任，在SS5中达成共识，在SS6阶段领证，消除顾虑。中标、签合同大概就相当于订婚仪式和婚礼。最终走到结婚这一步，也相当不容易。

客户招标，就像是刘三姐唱山歌抛绣球，表面是公开招亲，实际上早已心有所属，她知道自己的阿牛哥一定会胜出。如果投标现场的规则被恶意破坏，冲标的太多，优秀产品无法中标，刘三姐就会宣布"废标"，选择跟阿牛哥"私奔"。

销售经历了诸多磨难，功德圆满和客户"结婚"后，更要维护好合作关系。刚开始的蜜月感觉总是不错的，客户喜欢你才会选择你啊，不过随着项目的实施，后续家长里短的矛盾也会一点点暴露出来。一起实施项目就像生孩子，琐事太多，以至于对方什么底细都弄明白了。发现了对方的缺点怎么办？客户一般会基于双方的"感情"选择先忍耐，给商家改正的机会，如果一而再再而三地让客户失望，会发生什么情况呢？

客户会"出轨"的，会去找"第三者"，找"备胎"替代原有的供应商。这时乙方的销售就会有危机感，担心客户和自己"离婚"。如今"离婚率"也是比较高的，客户有选择和更换供应商的权力。

对于销售来说，维持一个老客户总比攻克一个新客户要容易，维护好已有的"婚姻"，总要比"离婚"后寻找新的目标"再婚"的成本要低。所以一定要做好服务工作，维护好"价值客户"，除非这个客户一无是处，会将你"拖下泥潭"。

总之，销售工作和"拍拖"高度类似，跟客户建立合作关系则跟"结婚"相当，其中有许多道理都是相通的。但婚姻的道德标准和销售活动毕竟不同，有些类比引入到销售活动中过于直白，就不方便公开讨论了。销售可以在工作中多领悟，也可将销售工作中的领悟正确地用于理解现实的拍拖和婚姻，也许相得益彰。

再讲个案例，案例能够更生动地体现销售工作与"拍拖"的关系。我有一个朋友叫阿德，他是一个很特别的人，生活中极其孤僻，极其非主流，却具备一项常人不具备的优秀品质，那就是坚持和永不放弃。他在"拍拖"中也是这么做的。他是我见过的人当中，销售和情感经历最为类似的一个。且听我慢慢讲来。

永不放弃

2003年春节前，阿德乘坐K164次列车从福州办事处返回B公司上海总部开会。火车启动后，阿德便在铺位上坐着看风景，车内有暖气，南方的冬天也不那么冷，窗外依旧是郁郁葱葱，闽江水反射着夕阳的光芒，灿烂如夏。

恍惚中，阿德打了个盹，梦里还是工作汇报。

会上，CEO老陈问道："关于福建的运营商市场，有什么思路呵？"

阿德心中一惊，这是一个半开放式问题，前半句是封闭式的，圈定了具体客户群，后半句是开放式的，老板问有什么思路，而不是有什么项目，说明他对自己寄予了很大期望，但又不想显得过于功利。于是他答道："陈总，我在福建待了一个月，感觉福建的运营商市场跟上海有很大的不同，上海的固网接入网、小区设备都是通过子公司、三产公司采购的，入围比较容易；而福建是直采，所以还要先做选型入围的工作，需要一段时间。不过我感觉联通更容易突破一些，我已经通过R公司介绍的福建朋友见了几个部门的客户……"

"哦，挺好，短短一个月就把情况摸清楚了。不过福建和上海两个区域市场还是要兼顾，就先讲讲上海电信的进展吧。"

有老陈的这句话，汇报最难的部分就算过关了，上海的情况岂不信手拈来？阿德正准备洋洋洒洒地汇报自己在上海电信的进展，会议室突然一阵晃动，现场一片慌乱：发生什么了？地震了？……

阿德一着急就醒了，原来是火车急刹。列车广播员广播道："现在是临时停车，请旅客们不要下车，有在前方古田车站下车的旅客，请等列车停靠站台后再下车……"早年，福建的火车速度还停留在60 km/h，有时在山区里过桥、穿越隧道还得减速，而且列车制动系统过于刚性，所以低速行驶中还常常出现急刹的情况。

"天都黑了,才到古田,这车真是慢。"阿德一边感叹一边往餐车走去,他不太喜欢和陌生人说话,却常常喃喃自语。他对生活品质是有要求的,不喜欢在铺位边吃饭。

走过一节硬座车厢后,阿德突然停住了脚步,仿佛被突如其来的万丈光芒刺痛了双眼,所以不得不停下来。可这是晚上了,哪来的光呢?他定睛一看,哪里是什么光源啊,分明是个漂亮的姑娘,皮肤雪白雪白的,衣着也雪白雪白的,优雅的气质将他牢牢地吸引住了,原来这就叫"自带光芒"。

阿德从姑娘身旁走过去,又折返回来,然后又往前走,到车厢连接处再次折返过来,最后决定在她视野中最适合的位置停留。他觉得有些形容词太简单了,根本表达不出真实的感受,比如"怦然心动",除非刚跑完步,否则根本感觉不到心脏的剧烈跳动,何况列车上这么吵。他的感觉就像一列误入幽冥界的火车,二十多年未见光明,突然有一天冲出了长长的隧道,重见天日……她的出现,分明是天使悄然来到人间。他不明白,为什么除了自己之外,整列火车的人都没能发现她的光芒,导致她还是一个人安安静静地待在那个角落里,"一定是她太漂亮了,别人没有搭讪的勇气。我要得到她,就像做项目一样,要做就做最大的项目,最具标杆意义的项目……"他这么想着。他的异常举动终于引起了那个姑娘的注意,她发现有人正在观察自己,几次眼神交错后,阿德终于勇敢地抓住了她的目光,他对自己说:"快,上前跟她说点什么,随便讲点什么都可以。"

阿德是个相貌平平、语言能力迟缓的人,但他看似木讷,实则行动力极强,工作中绝不会轻易错过每一个可能的项目,何况这样的机遇呢?接下来的一个小时,他们交谈非常愉快。这个姑娘名叫凌玲,闽南人，学艺术的，在福州上大三了，趁着寒假去上海拜访一位知名的音乐老师。后来他们一起去餐车吃晚饭，在车厢连接处畅谈。最后，阿德将铺位让出来给凌玲休息，自己坐在过道的座椅上，像守护天使一般守了一夜。他认为这是自己人生中最重要的一夜，所以务必要表现得很好，整列火车，整个黑夜，甚至铁路两头连接的城市，福州和上海，都成了他们的舞台和背景，所有人都在跑龙套，只有他俩是主角。

上海的年会结束后，阿德将凌玲带回了福州，办事处商住两用条件不错，按说春节假期里没人，他想在这里过二人世界。不料同事们还有几天才放假，大家都见到了阿德的新女友，于是计划泡汤，凌玲也回闽南老家过年去了。春节后，阿德一趟趟地往凌玲的学校跑，也常带她到办事处跟大家一起吃饭。

办事处有一位负责技术的英俊小伙子叫大鹏，他对凌玲也有一种相见恨晚的感觉，他们年龄差距更小，更有共同话题，而且从外形上来看也更加般配，于是阿德有了竞争对手。不过阿德认为，恋爱和销售一样，好项目、大项目才会有竞争对手啊，这恰恰说明凌玲优秀，于是他将自己的女朋友看得更紧了，不给大鹏插脚的机会。毕竟，恋爱这事和销售还有点不同，就是更讲究先来后到，何况大鹏是通过自己才认识凌玲的，总归有所忌惮。

初恋的美好过后，凌玲发现阿德有很多毛病：首先控制欲太强，把自己当小孩子一样对待；而且有时爱说谎，似乎总有秘密不肯示人；最后是长得不如大鹏帅气。他们爆发了好几次冲突，凌玲气急时就会跟大鹏聊天发泄对阿德的不满，两人又开始越走越近。这时阿德就会让步，他一边向凌玲道歉，一边警告大鹏，禁止他陪凌玲散步、逛街。

但他也有明显的优势，那就是无条件地对凌玲好，这是所有帅小伙都做不到的。还有，阿德非常专注，认准的事情一定会去做，追人便追到底，是奔着结果去的，这也是帅小伙们做不到的，他们很少想到将来。经过阿德的坚持，大鹏等人终于退去。

阿德在工作上也这样，他跟踪的项目往往都是同事们之前找不到机会的，经他"死缠烂打"出现转机，而一旦他经手，别人再也休想拿走。

比如某运营商，其建设部之前曾明确表示不接受B公司这样的小厂商的产品入围，公司上下都已经彻底放弃了。可是经过阿德几个月的坚持，B公司的路由器产品参加了选型测试，不出意外的话将在下一轮选型通告中入围。

其中的奥秘就是由于阿德长期蹲守，终于找到了一个"借船出海"的机会。他在R公司的朋友们帮了大忙。R公司的路由器已经在前期测试中被淘汰了，但他们还想给友商H和Z公司制造点麻烦，于是怂恿客户引入新的竞争对手——B公司，以保证充分竞争。客户想了想，觉得多一家厂商进来煞煞H和Z的锐气，逼迫他们降价也是不错的，于是阿德得到了机会。当然，R公司并不是活雷锋，B公司产品测试通过后，R公司便火速代工生产了B公司的产品，他们凭借同样的产品和更好的客户关系得以入围，在H和Z公司之后排在第三位，B公司最末。但陪跑的未必没有机会，后续阿德还是取得了很多订单，有时比Z公司还多。

通过这次合作，阿德和R公司的合作更进一层，他甚至和一位R公司上海办事处刚刚离职的销售同租了一套房子。别小看了这个"同居"关系，它让阿德得到了许多R公司的客户信息，毕竟R公司的市场能力、销售人员数量都要远远高于B公司。

在此之前的2002年年底，R公司在上海的一位销售，通过电信的小区宽带项目完成了1000多万的以太网接入交换机销售数字，从而成了金牌销售，公司奖励给他一套上海的住房。这个消息极大地激励着阿德，他加入 B 公司的第一天，就向 CEO 老陈承诺过要拿下这个客户，要做就做最好，他要成为 B 公司的销售高手，老陈默默地点了点头。

一年后，老陈惊喜地发现，阿德的诺言兑现了。他只有区区几个客户，却拿到了 1000 多万的数字，而且超过 80% 的业绩集中在上海电信小区宽带这一项业务。同事们又羡慕又嫉妒，他们说："鬼才知道他是怎么搞定客户的。"确实，别人根本就不知道其中发生了什么。阿德一年来都在理顺这个客户的决策链，就像他这一年来所有业余时间都用在陪伴凌玲一样。年会上，老陈称赞阿德的工作态度是"一厘米宽，一公里深"，授予阿德金牌销售荣誉证书以及高额奖金。

后来，大学毕业的凌玲在上海找到了一份教师工作，按计划在上海落了户。几年后，成了学校的骨干教师。再后来，阿德创业成功。他们在上海也买了房，通过自己不懈的努力和坚持获得了成功。

此后每当有人将销售与"拍拖"类比时，我都会想起阿德的故事来。既然世上没有完美的人，那就不会有完美的销售。有的人身体天然有缺陷，有的人走入职场前就有人格缺陷，但这只是初始条件之一，并不意味着不能有正常人的生活，也不意味着不能成为销售高手。比初始条件更重要的是坚持和永不放弃，若像故事里的阿德对凌玲、对客户一样始终保持高昂的热情，那么生活总有一天会对你微笑。

第二部分

销售的自我修养

  有效的客户拜访，良好的内部沟通能力，合理的时间管理，在各个销售阶段做好该做的事，听起来像是销售人员的基本修养，可要做好这些工作并不容易。销售活动最大的特点就是会面临各种不确定性，多数项目都不太可能按设定的场景演绎。如何面对这些不确定性？如何"抢地盘""抢客户"？办法不会写在教科书里，领导们也不太可能明示，一切都需要销售人员通过实践提升"自我修养"。

关键 8　客户拜访与时间管理

有的销售第一年跑得挺勤快，第二年就不愿意开拓新客户了，希望靠着老客户拿单过日子。这是要出问题的，市场那么大，总会有新客户出现，所以每年的销售任务都在增长，仅仅固守老客户可不行，而且老客户也在寻找新供应商。销售工作是典型的逆水行舟不进则退，当下有句话叫作"你只有努力奔跑，才能留在原地"，还有一句是"生命的价值在于折腾"。公司会想办法维护老客户，销售的价值就在于不断拓展新客户，一旦停止努力，对公司就没价值了。

如今这个时代，每个行业都在酝酿着产业革命，有时表面看起来好几年没变化，其实憋着一场大的变革。比如金融，一不留神互联网金融起来了，也就这几年的事，它的 IT 需求更大了，甚至一些互联网金融公司本来就是 IT 企业出身。又比如高校信息化，看起来一个城市就那么些学校，新校区建完似乎就没什么大项目了，可一不留神又发现新设立了几所大学。十年前大家都觉得民营企业没钱搞信息化，可这些年民企做大的也不少，信息化投入也很大。运营商看起来变化不大，因为要牌照才能开业，几十年来整合了几个来回，还是那几家。前几年铁通被移动合并了，这两年多了个广电而已。多年前大家都在讨论电网可能会颠覆运营商领域，因为它的网络更具天然优势，然而并没有发生，但未来怎样呢？很难说，也许新一代技术发展起来，会颠覆之前的运营模式。政府行业也一样，过去都是各个委办局自己搞信息化，一直在喊统一政务平台，但一直进展不大，可这两年就统一起来了，各地大数据中心、大数据局、大数据公司都建起来了。商业模式发生了新变化，客户决策体系也自然发生了变化，销售不跟紧点，项目就被竞争对手拿去了。所以说，唯一不变的就是变化，销售想要持续的业绩好，就得不停地跑，不停地努力，不停地跟随行业变化。

客户拜访量就是销售的基本盘，腿勤嘴勤是硬道理，每个销售都要确定自己每周的客户拜访量底线。除去特殊情况外，都得长期坚持，既要有老客户拜访量，也得有一定新客户占比。

确定好客户拜访量之后，就要注意时间的安排，要将价值客户的拜访安排在黄金时段。一般来说，周一各单位会议较多，拜访客户的黄金时段是周二到周五的上午十点后，其次是下午三四点。尽量避免临近下班才去见客户，否则对方会觉得自己很不重要，除非约好下班后一起去吃饭。这里讲的黄金时段，是指对公拜访，私下交流最好的时间是周末，然后是工作日的晚上。如果能够在周末约上客户去踢球、打羽毛球、打牌，那么客户关系就不成问题了，比西方人在高尔夫球场上交流要更加亲密。有的销售代表甚至还能帮客户接孩子放学，客户关系就更进一层了。客户能把孩子交给你，说明已经信任到极点，把你当半个家人看待，项目就不在话下。

与客户交流的过程中，有效时间也很重要。有的销售千辛万苦见着了客户，打开PPT叽里呱啦讲了一个小时就走，这不叫客户拜访，叫一对一宣讲。第一次见面，自我介绍、公司介绍、产品和方案介绍要尽可能简短，因为你还不了解客户需求，得想办法让客户多说话，最好能把他们需求上的痛点挖出来，否则回公司后怎么做方案？如果销售图省事，将PPT从第一页到最后一页念一遍走过场，客户也会走过场的，他会说："挺好的，那么你下周做一个方案发给我吧。我现在有一个会，先走了。"这时销售就傻眼了，什么需求都没了解到就要做方案啊？！人家只是应付而已，根本没有诚意，那不是瞎忙吗？客户也没错，销售人员在预约电话里说得天花乱坠，结果来了什么干货都没有，也不想了解自己的需求，占用了宝贵时间，难道不应该这么对付他吗？

销售与售前都是来解决客户具体问题的，见客户时务必讲究实效，谈话过程不能绕来绕去。即便对方要绕，也得把话题扳转过来，顺着自己的既定思路来走。可以多向客户提问，了解对方的需求、顾虑及竞争对手的动态。新销售要先做功课，提前在笔记本上记下要点，交流过程中参照着清单以恰当的语言适时提出问题。一次成功的拜访能了解到很多信息，一次没了解清楚，下次接着再了解，直到完成为止，才抵得上老销售的一次高效拜访：项目名称、预算、执行时间、是否招标、决策链、竞争对手、是否需要测试、接下来要做什么……

如果交流过程有双方领导参加，大家第一次见面不熟，为了避免尴尬，刚开始都是寒暄，谈天气，谈健康，谈行业，有效交谈时间往往不长。销售要将谈话引向既定议题，让双方聚焦，特别是会谈的下半场，否则整个会谈就成寒暄了。即便客户谈的都是不相干的话题，也要从中寻找有效信息，适时引导。多问点封闭式问题，大家就会少讨论一些开放式话题。

客户拜访当中还有一些礼仪问题，整体来说，不管是衣着打扮还是仪态，都要体现以客为尊的谦虚态度。这些都是销售常识，也是人际交往的常识。常识的问题，就不再讨论了。另外，作为销售，最好在某个方面具有一定特长并保持优势，比如技术或经历等，就是说除了你背后的公司，还得有点个人的本事。这是客户交往中对方尊重你的一个基础，否则对方会在心里想："这家公司的领导一定是个猪头，怎么招了个一无是处的销售来跟我们对接？"

如前所述，销售一定要保持大量的客户拜访，然而在大公司里，各种流程、杂务也相当多，要开的会也不比机关少，怎么安排好时间呢？每次要开会时，总有销售说得见客户去了，刚开始领导会说以客户为重，时间长了肯定有意见，觉得销售在找借口。因此时间管理非常重要，有经验的销售既不耽误拜访客户，又不缺席公司会议，还能照顾到家人。

比如周一客户开会，那么建议自家的会议也在周一开，就别去见客户了。客户晚上要下班陪家人，那就安排中午一起吃饭，去他们食堂也没关系，蹭蹭客户的餐卡也挺好啊，别以为你请客才能拉近关系，他请你吃饭效果也很好。客户花十几块钱就可以做个顺水人情，为什么不成全他呢？节假日，如能跟客户一起出游，两家人带着孩子一起玩，既陪了客户又照顾到家人，这样的私人关系还有谁能挑战？

最节约时间的办法，就是有事说事，别把时间耗在等待和废话上。每次去见客户，都要带着目的去，而不只是因为"许久不见"迫使自己去拜访。作为甲方，看见销售们带着一叠自己并不需要的产品资料和挂历过来闲聊，可能也挺烦的。

有的销售整天陪客户花天酒地，夜间"上班"，白天睡觉，看起来很努力的样子，其实是在瞎努力。首先，有时间陪着销售一起玩的客户，往往都不是 CIO，在项目中可能没决策权；其次，销售人员在公司内还要做很多协调工作才能服务好客户，如果每天都喝得醉醺醺的，怎么可能做好事务性的工作？最后，"距离产生美"，销售代表跟客户混得"烂熟"，不分彼此，"美"就没有了，他遇到上级的压力，或者艰难的选择时，只好把"烂熟"的人牺牲掉了。最近几年市场环境已经大大改变了，那种靠吃吃喝喝搞定项目的年代早已过去。现在CIO们既有技术背景，又有职业操守，销售们也得适应这种变化。

关键 9　让内部报告和流程成为有力协助

销售有无数理由讨厌写报告：

"我是个理科生，高中毕业起就不再写文章了，哪还码得了 500 个字？"

"整天跑来跑去，哪有时间写报告？"

"我忘了。"

"写报告有用的话，那就整天猫在办公室写就好了。"

"全是些形式主义的东西，浪费时间。"

……

让销售人员在 Salesforce（客户关系管理软件）或企业内部 ERP 上及时填写项目进度、客户资料是很多公司在管理上的老大难问题，需要销售管理部门屡次催促，最终报告质量还是不高。除了销售人员普遍的拖延症之外，还有个原因，就是销售人员害怕自己的客户资料被别人窃取，所以客户关系管理软件中填的关键人物电话号码是假的，另做一张 Excel 表格偷偷存在云上的某个角落，或者把客户联系方式记在手机里，甚至不电子化，只留纸质名片。我见过一位同事特意将自己的一个不常用电话号码当作客户联系方式填入客户关系管理软件中，来测试公司会不会给客户打电话，或者个人信息会不会被泄露。

当然，管理部门也有责任，拿客户联系方式来说，如果客户关系管理软件中已经有了，按说直接调用数据就可以了，可实际操作中职能部门每次联系客户，都要销售一遍遍再次填表确认，原因是"怕搞错"。这样一来，使用客户关系管理软件的价值就不大了。

销售预测也一样，虽然销售代表每周每月每季度都在系统中填写了预测数据，销管部门还是会准备很多的Excel表格让销售们再次填写，这样就增加了写报告的负担。许多大公司的销售跟研发一样也是996工作制，甚至到夜里还在加班，他们并不是在陪客户，而是在公司或家里写工作报告，在客户关系管理软件中填写白天见了什么客户，有什么进展，做销售预测、价格审批、订单申请，回复邮件……不及时做这些工作，产品订单、服务订单就无法进入流程，项目就无法按时交付。所以多数销售都不愿意做小项目，因为小项目的流程跟大项目是一样的，还不如做几个大项目就完成任务合算，最好一张单子解决问题。然而，现实并没有那么理想，一般都是大单难寻，小单子自己找上门。

作为资深IT销售，我写过无数的工作报告，长的、短的、简单的、复杂的、有用的、没用的、靠谱的、离谱的……我写报告很快，因为我知道，把时间放在抱怨上倒不如直接写报告来得快。一线销售在公司内部管理上几乎没有话语权，如果报告不是多到离谱，写就完了。你放心，一定会有销售比你更忍受不了这些报告，他们会去投诉的。

我有个同事特别擅长写报告，他的报告不一定是写得最好的，但一定是写得最快的，因为他几乎在所有"华"系厂家待过。"华"系厂家的特点就是报告多，周报、月报、季报、年终总结，还有项目心得、学习心得、奋斗者感悟、成功案例、失败案例、行业典型案例等。因为老板特强势，在写报告方面销售没有任何话语权。关于写报告，这位同事总结道："当一个销售有时间坐下来看邮件，就一定有时间写报告。我只要一看到邮件通知，就立刻动手，一气呵成，打字速度就是我写报告的速度，因为都是套路。回复邮件后事情就少了一桩，感觉特舒畅。报告这东西，无论拖延多久总还得写，一桩事压在心里多难受啊，还要被扣分、罚款、通报批评。我在写报告这事上从没被批评过，只有奖励。"所以他的诀窍就是四个字："马上就做"。

多数非技术背景的销售都有拖延症，因为没有受过严格训练，所以怕写报告。我甚至怀疑他们就是小时候语文不及格的那批人。还有很多销售把大学里抄作业的习惯带到工作上来，喜欢抄别人的报告，可工作报告没有标准答案，也不需要讲究修辞手法，这样的行为就显得特没意思，特别傻。

文如其人，主管们通过报告就可以了解一个销售的内在实力。身边的案例告诉我们，连工作报告都写不好的销售，很难想象他的思路会很清晰，也很难想象他能长期稳定地做好一件事。如今已是21世纪的20年代，像以前一样对销售粗放式管理的年代已经一去不复返了；而且客户也已经升级换代，想靠吃吃喝喝就搞定项目是不现实的；所以写报告是销售人员的一项基本功。

写报告不完全是种负担，对于优秀的销售人员来说，他们不是讨厌写报告，而是讨厌被动地写报告。如果公司没有要求，他们也会以自己的方式整理客户联系方式，记录关键事件，分析销售阶段，分析决策链，撰写项目案例，写各种汇报PPT。写报告的过程也是他们整理思路的过程，就像学生时代整理笔记一个道理。优秀的学生总是在整理各种笔记，长大了就会自己编写教材。

工作报告还有一种特殊的形式——PPT。国内有一家对PPT特别在意的公司，那就是华为。华为员工有很多报告都是用PPT写的，不管读者有多少人，哪怕只有一位。华为一般把PPT称作胶片，PPT原本叫幻灯片，年纪在四五十岁以上的人都知道，幻灯片就是把文字写在透明胶片上，方便用射灯投影到墙上的东西。PPT是用来向客户的领导汇报工作的东西，通信类厂商以政企客户为主，所以自始至终受到特别重视，不但要有干货，还必须具备相当的渲染能力。PPT中要体现公司实力，体现技术方案的高度，能唬住客户唬住同行，所以包含了各种层级图表，各种复杂的拓扑图。在华为写不好PPT的员工甚至无法晋升成为一个小小的部门经理。

当然，也有另一个极端，那就是有些公司不允许员工写PPT，主要是指一些互联网企业。他们从消费者业务起家，因此要求员工的表达务必简洁，效率第一。还有的公司规定了PPT的最长篇幅，比如说最多五页将问题说清楚，或者每页PPT只能有一句话、一张图片。实际上这种报告模式难度更大，政企客户的领导只要愿意坐下来听你讲PPT，时间多则半个小时一个小时，最少也有五分钟十分钟，因为他们习惯了长篇大论的会议。可互联网客户忍受不了PPT，销售人员就必须在三分钟、一分钟甚至三十秒内将一件事情说清楚，或者一页PPT讲五分钟，把吸人眼球的简洁字眼用口头语言解释清楚。简洁是最难做到的，比如日本的年度汉字选择，只有一个字，却没有人每年都猜准。

说到底，写报告的能力主要来自两个方面：一是报告人的语言文字能力。这取决于他从小接受的训练够不够，写作习惯好不好。二是业绩。如果内容空空，恐怕文字能力再好也会被人看出虚来。如果工作充实，签单无数，将项目列表展示出来也相当震撼。

关键 10　销售阶段管理

老板们常对销售们说："允许丢单，但不允许不明不白地丢单。"实际上只有项目成功后才能知道成功的真正原因，有些失败的项目你将永远不了解真相。别人的商业机密怎么会轻易让竞争对手知道呢？哪怕是事后。当事双方恨不能"天知地知你知我知"，所以有些人的丢单总结是不确切的，对手成功的路径只能略知一二，其余都是瞎猜，还是好好找自己的原因。

别相信那些励志营销故事，它们大多都是假的，或者除了结果为真，过程和细节都是假的，是为了让故事听起来更有戏剧性。比如把梳子卖给和尚的故事，实际情境完全不同，不信你可以去看看，现实中有几个和尚买了梳子？又有几座庙在卖开了光的梳子？

严格地讲来，世界上根本就不存在任何奇迹，所有事物的发展，顺着它内部的机理来看，都是顺其自然。人们之所以认为它是奇迹，只是因为不够了解。销售行为也一样，所有的惊天逆转，所有的项目奇迹，都是外人不了解当事人的运作而已。对于当事人来说，一切都是按部就班，所有的非典型，顶多是几步并成一步走，并没有什么不可理解之处。

对于普通人来说，太空行走、登月，是多么不可思议的奇迹啊，可对于物理学家，对于航空航天的科研工作者，以及从事火箭、宇宙飞船研制的工程师来说，就不觉得不可思议了。那是因为经过了小学、中学、大学的长期学习，而且有相关研究经验。同理，如果我们对销售活动分阶段管理，就会更好地理解销售高手是怎么拿下那些标杆性的项目的。大部分 IT 公司都会实施销售阶段管理，以规范销售人员的行为，一般来说，一个项目的完成需要经历下面七个阶段。

SS1：线索挖掘，找到目标客户

第一个关键词是线索。

每周的销售例会上，部门经理第一个要了解的就是销售们的项目线索，看看上周又发现了哪些新的项目信息。所有的项目线索加起来就构成了"一级水池"。一般来说，要完成 2000 万的数字，就得找到 1 亿以上的项目线索。

如果一个销售的年度任务是 2000 万，而他的线索总额还不足 2000 万，那么就出大问题了，这时就要分析，是真的没市场还是跑得不够勤快，或者工作方式有问题。

如果管理者错误地高估了市场，也是要出问题的。

从 500 万到 16 亿

五年前，有一家厂商的驻沪首席代表预测未来的五年上海医疗行业 IT 需求将呈指数级增长，理由是他看了一份根据政府工作报告做的分析，讲的是医疗卫生投入一定会像教育一样达到 GDP 的 4%，而信息化投入预计占比很高。他从而得出结论，2020 年上海医疗信息化投入将达 80 亿之巨。他认为以本厂商的品牌影响力，占 20% 差不多，也就是 16 亿。现在我们知道这个任务有数量级上的错误，2020 年全国医疗信息化市场也才 100 多亿。

这里有几个错误：一是增长率没那么高；二是实际投入可能达不到这个比例；三是对医疗信息化的范围理解有误。一家硬件厂商怎么可能有 20% 的市场占有率呢？医疗信息化包括 EMR、HIS、PACS、RIS 等业务软件需求，也包括智能化、终端、网络、数据中心、能源设备的硬件需求，此外还包括了运营商的线路等信息化服务成本，一家厂商不可能囊括所有硬件需求。2015 年，全国医疗信息化的总投入是 54 亿，上海顶多是几个亿。而该厂商在上海医疗行业的销售任务是 5000 万，实际上，这个数字已经是该硬件厂商在当地可参与项目的总和。也就是说，即便销售跟踪到所有的行业线索也只有 5000 万，怎么可能 100% 拿下呢？要知道，其中一些领域该厂商刚刚涉足，在医疗领域没有像样的用户基础，除了网络之外，任何其他产品都进不了前三位。2014 年该厂商在上海医疗行业的销售数字只有区区 500 万啊，竞争对手也差不多。

从 500 万到 16 亿，这不是典型的浮夸风吗？只能用一句话来形容："人有多大胆，地有多大产。"该主管没有在政企行业摸爬滚打过，而是从运营商海外市场空降的，对市场不了解情有可原，但作为内行的销售主管，还是应该多做功课。过高的预期，会让销售策略和销售动作走形，让业内人士认为这家公司做事不靠谱。

所以，对销售线索的分析也要基于正确的市场体量分析，否则容易判断失误，搞错工作方向。

第二个关键词是目标客户。

找到项目需求后,要分辨哪些是目标客户。目标客户的划分标准是不断变化的,因时而异,因势而异,因产品而异,因厂商而异,甚至因人而异。对于多数国产品牌来说,一些外资全球化客户的 IT 采购决策环节在境外,除非品牌在选型范围内,否则不能采购。国内的区域销售人员去做境外客户总部的全球选型工作难度太大,这些客户可能就不是目标客户。反之亦然,一些涉及国家安全的保密部门,明确不能采购进口设备的,外企销售也无法将其作为目标客户来对待。对于这样的项目,是不建议放在销售线索中的。

SS2:线索核实,分析出决策链

销售线索是给人希望的,而线索核实就是将那些不切实际的希望扼杀掉。这听起来令人沮丧,而且特别令领导失望,却是必须要做的,只有这样才能有效聚焦资源。

比如,某政府行业前一年由于预算不足,采购产品时只向供应商支付了一半费用,但全部产品已经在使用中了,第二年预算得补上,这时的招标要求就会做很多限制,因为他们必须确保原有的供应商中标。这时,不了解情况的其他公司销售第一次接触后有可能会将其列为项目线索,录入客户关系管理软件系统,进入 SS1 阶段。当他第二次拜访客户时,项目进入 SS2 阶段,客户告知项目不可更改,不可触碰,表明项目线索经过核实对自己无效,便应在 SS2 阶段取消该项目。当然,任何事情的发展趋势都不是绝对的,实际操作中也有客户控制不力,导致项目其他供应商意外中标的情况,毕竟政府采购流程不是业务部门能完全控制的。

如何确认一个项目适合己方参与？在销售主管看来，最好的办法是看看销售本人能否说清楚这个项目的决策链。如果连客户决策链条都没搞清楚，项目就得停留在 SS2 阶段，实际成功概率就不能提高，500 万的项目只能按 100 万来预测销售收入。

通常一个项目的决策链中包括影响者、评估者、决策支持者、决策者、批准者等角色，对应的职位可能是工程师、总工、业务线主管、CIO、CEO 等。实际情况远比营销书中讲的复杂，成熟的销售团队都会根据自己所在行业的情形来调整评估办法。销售们对决策链的认识也是逐步深入的，并不是从一开始就 100% 正确，也常有柳暗花明的情况发生。这里讲的分析出决策链，指的是初步确认。项目线索核实，确认决策链后可以进入"二级水池"。

SS3：技术交流，了解需求

进入"二级水池"的项目便可以调用一些团队和公司资源了，比如安排售前人员一同前往客户处做技术交流。大项目往往还有后备团队，在做方案、测试、试用环节提供支持。在很多行业，测试是必不可少的，比如金融和运营商，以及公安的安防监控、大数据项目，单凭一个销售和一个售前是无法完成 SS3 环节的。这里也涉及我们在下一节要讲述的内容：有能力的销售和售前能够找来很多资源支持自己的项目，在与竞争对手的比拼中处于优势地位；而新销售及不善于协调内部资源的销售就会比较累，他们找不到有力的支持，事必躬亲效果也不见得好。

技术交流和测试环节相当关键，很多项目进入这个环节之后攻守形势会发生第一次转变。客户的需求和厂商、集成商的解决方案总会有些差异，沟通能力强的团队会引导客户需求向自己的技术方向靠拢，从而给竞争对手造成麻烦。各厂商可以在这个阶段展开一轮技术路线上的博弈。例如网络方面，广域网互联采用什么样的路由协议就是一个焦灼点。外企总是希望采用他们的私有协议，而国产品牌希望采用 OSPF 这样的通用协议。还有 VPN、防火墙、交换机堆叠及级联技术的选择等等，都是 21 世纪头十年的热点。又如主机系统采用 X86 还是小型机架构；存储系统采用 SAN 还是 IPSAN、NAS；数据块的冗余模式；视频会议各种协议需要占用的带宽；UPS 的工作模式；等等。应用软件上的讲究就更多了，从底层架构到客户界面的差异比硬件要复杂得多……

在《三板斧为什么管用》一文中，我们还提到，技术交流是其中的最为基础的一环。不管是高层会晤还是公司参观，还是其他销售动作，都必须基于可靠的项目需求，如果产品方案和需求根本不吻合，一切都无从谈起。就算刚开始能瞒天过海，后续项目实施时也会出现问题。

SS4：确定方案，建立信任

前面提到，通过技术交流确定客户需求，提出解决方案之后，还有一个博弈的过程，经过博弈后方案得到客户认可，就可以认为建立了信任，成为客户的可选项。所以有些项目到了 SS4 阶段攻守形势会再发生一次转变。

多数奇迹都不是发生在 SS5 或 SS6 阶段，而是在 SS4，销售对于项目被逆转的不理解之处往往就在于 SS4，"究竟发生了什么？""为什么就定他们的方案了呢？""他是怎么搞定客户的？"

销售人员口中的"做通了客户关系""搞定了客户",通常就是指在SS4阶段取得了突破。不过,我还是要提醒大家,"搞定客户"这个提法非常不妥。如果是商业贿赂的话,非常危险;如果不是,哪个客户愿意被你"搞定"呢?难道客户的行为被你约束住了吗?究竟是"搞定"还是"被搞定"呢?IT产品长期同质化竞争,作为行业大客户优越感太明显了,他们不可能像个人消费者疯抢iPhone手机一样去追捧某个硬件厂商、软件开发商、集成商。现实中商家往往议价能力很低,事事顺从客户,成为客户信息化的可用工具,前服后贴才能获得自己的销售收入。

聪明的销售应该让客户觉得自己和公司都很有价值,从而产生"如果这家优秀的公司能为我们服务就好了"的想法。显然这一条很难做到,多数"确认方案,建立信任"都不是"非零即壹"的关系,而是处于中间的灰色地带。主管每周过项目的时候总是要多问几句,"真的是SS4吗?确定?"直到项目进入SS5,才敢真正相信。因此实际操作中销售很少将项目停留在SS4这一阶段,他们宁可等招标文件出来,然后可以放心大胆地告诉领导,"瞧,这个项目我搞定了!"

SS5:达成共识/招标,获得优势

达成共识的一个典型标志,是客户按照你提供的方案、产品技术参数来招标,也就是说客户想让你中标。几乎所有项目,特别是政府采购,用到财政预算的项目,都声称招标过程将是公开公平公正的,但有时在现实中难免有倾向性,有时倾向还相当明显。销售的任务,就是要让这种倾向有利于己方。

造成这种倾向的原因很多，比如某供应商的方案确实有明显优势；比如某供应商在当地有重大投资；或者供应商销售与甲方决策者建立了很好的个人关系；或者甲方希望借此与乙方展开技术合作……销售的核心价值，主要在这个环节实现，而之前的 SS1—SS3，只能体现销售的基本素养。本书中"如何抓住客户的痛点""三板斧""怎样让客户说人话""如何成为销售高手"这些话题，讲的都是如何在 SS4 阶段获得实质性突破，并在 SS5 阶段得到确认。

SS6：合同签订 / 丢单，消除顾虑

这里说的消除顾虑原本是消除客户的顾虑，但销售在实际操作中主要是消除主管的顾虑。一般来说，政企客户的顾虑在 SS3—SS5 阶段就该解决了，心里没底绝不招标，不会将顾虑带到 SS6，这也是 CIO 作为甲方，作为成熟的部门领导的基本素养。

进入 SS6 环节的不只有赢单的项目，同样还有丢单的。做销售管理的员工在统计项目时会发现，许多销售的项目在 SS3 阶段停留了很久，突然就进入 SS6，然后项目丢了。这个很好理解，就是该项目的销售无法取得客户信任，无法达成共识形成优势，每个销售都会有一些这样的项目。

SS7：回款 / 实施验收，赢单

如果不做严格的销售阶段管理，很多厂商的销售代表会忽略 SS7 这个环节，因为多数厂商是通过总代理、经销商这样的渠道实现销售的，

一般下单时就已经收到货款了。厂商收到货款并不意味着项目结束，如果项目实施过程出现重大问题，比如前面提到的在SS3环节的技术方案彻底错误，经销商就很可能无法向用户收款，最终还是要追责到厂商的。因此多数厂商要将经销商回款和项目验收作为完成的标志。有的项目还留有5%的尾款得在三年后支付，不要以为这5%不重要，很多项目的净利润也只有5%，保证颗粒归仓也是销售的责任。

周例会

W公司销售部驻某省部门例会（办事处例会）

与会人：主任姜立新；政府行业销售主管赵壹；金融行业主管王耳；公共事业主管张山；大企业主管李实；SMB（中小企业）主管洪武；销售助理姚美文。

周一下午2点是W公司的例会时间，下午6点前，公司销售管理部要收齐所有办事处的周报汇总表。会前一小时，姚美文实在等不了了，她跑到李实的工位前气呼呼地问道："周报呢？就差你了！"

李实："实在不好意思，姐姐，我刚吃完饭。快好了，再等我10分钟。"

姚美文："谁是你姐姐？！10分钟，好，10分钟交不上来，周报考核分就扣掉了。"她刚走出两步，还是不放心，转回去问道："现在写到哪了？"看到李实的电脑屏幕上表格只填了一行，她哭笑不得，只好再次交代道："唉，给你半个小时吧。半小时交不上来，分数真扣掉了，再找我也没用，因为那时候汇总表已经发给姜总了。"

29分钟后，姚美文收到了李实的周报，这份"压哨"提交的报告千疮百孔。美文没时间帮他改了，只修正几个错别字，拷贝到总表上提交给了姜立新。其实公司 CRM（客户关系管理系统）中有周报格式，但不久就停用了，一是因为格式和销售实践不符，有些数据销售管理部要求以 Excel 形式单独报送，还不如合并成一张表；二是填写质量太差，线上的报告销售助理们没法一个个催，也没办法帮修改，而公司各部门可以实时查询，很容易暴露各办事处的漏洞。总之，在线填写报告和美文一点关系都没有，改成线下汇总后，所有的压力都汇总到她这里来了。

姜立新收到邮件，看了一眼汇总数据，神情凝重地来到了会议室。他再次重申了公司关于反商业贿赂的特别声明，然后宣布开会。美文先照着投影屏幕上的汇总表念了一遍各部门已完成数字、资源池数字、季度预期……然后将表格切换到政府行业明细表，从赵壹开始汇报具体项目进展。

赵壹："省大数据中心项目，从 SS4 退回到 SS3。张副省长上周到中心开过会后，方案需要重做。政务云平台要从提供基本的法人库、人口库、地理信息库、电子证照库这四大库扩展成为全面的省级数据库，三年内要将全省各厅局原有的信息化平台全部整合到省级政务云上。这样一来，原有的方案就太小了，新项目规模至少是原来的五倍以上。"

姜立新："我说销售预测数字怎么缩水了呢，光你这一个项目阶段调整，数字就少了 2000 万啊。没必要从 SS4 调回 SS3 吧，客户关系什么的都没变化啊。"

赵壹："领导，按 CRM 的阶段划分还是要调整的，技术方案要推倒重来，跟三个月前一样。项目规模大了，竞争对手投入会更多，特别是这两家互联网大厂，恨不得整个方案都用他们的。"

姜立新："大数据中心明确表示过不采用大包大揽的模式，就是不想被厂商控制。再说互联网大厂也不做硬件啊，我们做基础设施的不怕竞争，项目大了我们的预期数字更高了才对。就算你调整到SS3，数字也应该跟着变化啊，那你说说，政务云平台原来总体规划是2亿，现在应该是多少？"

赵壹："说是3年10亿以上。"

姜立新："那我们保守一点，算它6亿，我们目标市场3亿，按SS4预测50%是1.5亿，按SS3算30%应该是9000万啊，怎么搞成了3000万？我们这个表交上去，北京那边还不跳起来啊？！赵壹，你要搞清楚，大数据中心项目是我们办事处工作的重中之重，占整个销售任务的1/4还要多。十几亿的投入，我们3年内至少要拿到2亿才算及格。按我们的品牌影响力，集中公司资源冲击四五亿都有可能。大数据中心魏主任说了，今年要将原计划整体预算的2亿全部执行掉，这样才能满足张副省长的进度要求。你算算，今年这2亿硬件为主，我们从这里面也不止拿3000万啊。太保守了！整个项目可参与数字暂时调整成3亿，项目阶段可以回到SS3，备注今年预计完成销售收入5000万，但我们自己要按1亿来努力。"

赵壹点了点头，美文便直接在汇总表上修改了数字，办事处的销售预测一下子飙升了6000万。

接下来赵壹又汇报了公安厅、财政厅、审计厅的项目，其中最大的是公安厅项目，也是上亿的需求。不过他强调，各厅局的数字和省大数据中心的项目密切相关，存在跷跷板效应。姜立新认为应该拆分开来看，除了公安厅之外，其他厅局预算确有关联之处，但公安系统涉密，数据量摆在那里，短时间内整合到省级政务云不现实。科技信息处的项目会受到一定影响，而网监、技侦的需求基本不受影响，所以不用顾虑太多。

第二个汇报的是金融行业王耳。王耳的年龄比姜立新还要大，是公司的老销售了，本可以担任办事处主任或更高职位，只是他不肯挪窝，不符合异地升迁的规则，所以留下来负责金融行业。他这边的项目比较稳妥，工作汇报也很翔实，姜立新不太用操心，听听就过去了。姜立新只纠正了一个建行的项目，因为招标文件今天刚刚发出来，应该从SS4调整到SS5，这样办事处的数字又好看了不少。

第三位汇报的是公共事业主管张山。他手上的项目比较散，但总数也不小。

张山："本周SS1阶段新增销售线索是Z大学南校区项目，预计信息化投入1.15亿，除去弱电智能化、软件等，我方可参与项目金额预计为5000万。我司的网络、服务器、存储等产品比较有竞争力，明年有望取得2000万到3000万销售收入。"

姜立新："好消息啊，明年的形势一片大好，看得着的大项目一点儿也不比今年少。我们在Z大学有很好的基础，这个5000万当中，我们要尽可能多拿一些数字回来。今年校本部就没什么项目了吗？几百万也没有？"

张山："嗯，今年真没有。都是几十万的扩容，信息化经费都投在软件和线路上了，还有就是运营商代维的学生宿舍宽带上，不是我们的目标市场。"

姜立新："好吧。另外，这个项目虽然是明年落地，项目阶段也应该调整为SS2，毕竟南校区已经开建了。信息化的投入金额大差不差，不存在有和没有的问题，下一步该实施三板斧了。"

张山："OK，姜总。"又转头对美文道："项目阶段改成SS2吧。"

接下来几个重点的教育和医疗客户都没什么进展，姜立新竟然没有

"发难",看来幸亏有 Z 大学项目在前面垫着,张山不禁暗自庆幸。等会议结束后,他要好好督促手下销售跑勤快点,本周再无进展就不好交差了。

接下来本该李实汇报了,不过他刚才提前给美文挤了挤眼,示意将他的部门放在最后,于是投影屏上直接跳到了洪武的那张表。

洪武一看到自己了,吃惊地看了美文和李实一眼,一边站起身来开始介绍项目进展。只要发言就起立,这是洪武中学时参加演讲训练营养成的习惯。虽然参加周例会的都是自己人,并没有谁要求他站着讲。

他的部门没太多拿得出手的大项目,于是念的全是数字。这些数字基本上就是下单金额,也约等于回款金额。SMB 团队是办事处的"定海神针",因为他们不但负责中小企业客户,还负责分销业务。每到季度末,只要他们的数字稳了,姜立新的情绪也就稳定了。如果其他部门完成率太低,洪武和他的小伙伴们,还有经销商们就得忙上一阵子,要努力把分销的数字提高一些,让办事处的完成率曲线看起来更平滑一些。

姜立新:"嗯,你这边问题都不太大,不过项目要么是 SS1、SS2,要么就是 SS6、SS7,好歹改几个到中间阶段。改天销管看见了,都给你拿去算分销数字,一点儿项目奖金也没有了。"

洪武:"我们的项目真心不用技术交流,也不用招投标啊,这些代理商把线索报上来,一个星期不到就直接下单了。"他说得轻飘飘的,把大家都逗乐了。

姜立新也笑了,不过他还是警告道:"这些话你也就敢在这里说说,换了销管部门还不折腾死你啊?代理商直接下单,说明之前把项目都藏起来了,万一人家把订单给别的厂商了呢?说明你们的工作存在极大的漏洞，还有很多项目线索压根儿没跟踪到啊。还有什么不招标，销管都明确过好几次了，供应商比价、内部审批、商务谈判，跟招投标一样都属于SS5阶段；代理商给客户报价，提供设备清单，也等于是做方案，就是SS3；用户内部审核预算表，跟供应商讨论配件、模块，拿别家的方案来压价，实际上就是SS4阶段，这个阶段被换掉也是分分钟的事，丢掉的单子大概都没报上来吧？你还大言不惭地说什么没有中间过程，这不胡说八道嘛。"洪武只得点头表示赞同。

当然，姜立新也就这么说说，让洪武汇报工作时要言辞严谨。SMB团队的项目太琐碎，如果什么都报上来，大家也不愿意看，不愿意听。销管规定，SMB可以每周只上报排名前五的项目，这些项目当然都是经销商跟踪的，报上来的情况也是人云亦云，并没有人会仔细看，大家关心的还是下单数字。

这时姜立新的手机响了，应该是从北京打来的电话，他立即回办公室去了。李实的脸上露出了诡异的笑容，美文便一脸不屑地看着他。大家在会议室闲聊了10分钟，赵壹说刚收到姜总的信息，领导有急事，由他替代领导开完例会。

于是李实开始讲解自己团队的项目进展，但每讲一条都能把大家逗乐，因为写得完全不得要领，让人怀疑他的小学语文是体育老师教的，而数学可能是音乐老师教的。他有几个项目两三个月都没跟踪了，往常靠谎言可以搪塞过去，可前几天有个项目突然丢单了，从SS2直接到了SS7。如果姜立新在场，他一定会被骂得狗血淋头。赵壹虽客串领导，但不能客串领导的架子，毕竟他没有被任命为副主任，跟李实还属于同级别的主管，于是他耐心地帮李实一一纠正。最末提了一句："兄弟啊，下周要提前把报告弄好，不会一直有这样的好运气啊。"他知道姜立新一直在找机会把李实的大企业主管职位给撤下来,李实的能力只够做个一线销售,他整天陪客户打牌、喝酒,但工作报告、PPT这种细节的东西根本写不来。在W公司不会写报告当个小主管就算顶着天花板了,李实也心知肚明。

会毕,美文将修改后的汇总表邮件发给销售管理部,并抄送姜立新和几位北京的销售部正副领导。

关键 11　内部沟通

处理好与职能部门的关系

销售要完成数字,不只是做客户关系、招投标这么简单,除了在外"攻城略地",还得协调好内部资源。行业划分、技术支持、价格申请、预先备货、定制开发、实施服务等内部环节也非常重要。

大公司和小公司的内部沟通游戏规则有所不同。小公司的销售高手话语权很高,在邮件里、聊天群里吼一句,老板都能看得到,供应链、生产制造、售前、售后、市场等部门都瑟瑟发抖,害怕被追责。公司就几个有销售能力的人,缺一个,今年账面上的数字就很难看。放在大公司则不同,老板怎么会认识一个一线销售呢?不管他有多优秀,胆敢在公司内"滥诉",还没传到大老板那里,就被开除了。公司的品牌那么好,资源那么丰富,换谁不是一样出成绩?换个刚毕业的大学生,又听话又努力,业绩未必差,薪资成本还只是老员工的几分之一。

因此,小公司内部沟通规则比较简单,只要业绩好,大老板认可,沟通方式不必太讲究,通路顺了,事事皆顺。这也是很多优秀的销售人员为什么不愿意离开小公司的原因:约束少,沟通方便。

大公司的游戏规则有很大不同，个人能力再强强不过制度，胳膊再粗拧不过大腿，不管多优秀的人，一定要顺从公司规章制度，有什么建议通过正常渠道反映。这么说不等于不要发挥主观能动性，而是先把游戏规则弄明白了，别在积极主动时碰触到某些要害部门的痛点。他们既然能在关键链条上占据一席之地，就说明在公司内得到了相当的认可，想要改变他们的规则难度很大，最好先沟通，商讨出解决方案。触碰内部的痛点，要比解决客户的痛点难得多，因为内部流程和利益链条的痛点是隐藏式的，不足为外人道的，而客户IT需求上的痛点是愿意被触及的。内部的管理规则，就是用来约束销售和其他一线员工的，即便有什么问题，解决主体也是公司领导和各部门主管。如果涉及内部的权益分配则更加敏感，销售将它公示出来无异于革命，那么相关职能部门首先就得革这销售的命。

学会内部沟通，树立个人在公司内的口碑相当重要。不要以为有了规矩，一切顺着规则办就好。也不能觉得小公司才是人治，大公司都是靠制度，多少国际化大公司设立的制度，都预留了人为操作空间。只要是由人来办理的事，就有弹性空间。有的销售申请极低的特价两天就批下来了，而有的销售申请个不算太低的价格，一两周都评审不下来。原因就在于流程上的各位审批人对销售本人的信任程度不同，既可能是不了解，也可能是有过负面事件。平常爱说谎的人，关键时刻说什么都没人信。这就像"狼来了"的故事的翻版。不要让别人怀疑自己，怀疑一旦形成就很难改变。

处理好销售之间的关系

一般来说，越强势的品牌，内部沟通越重要；越弱势的品牌，对外作战越重要。有的强势软件品牌甚至不做客户工作，整天给客户发要求正版化的律师函就够了，销售的关键工作是在内部找单子，年底差数字的话，就查查谁侵占了自己的地盘，哪家经销商下的单子不够多就行了。时下有一个词可以形容这种销售行为："内卷"。

内卷化营销，当然是一个负面词，它反映出另外一个问题：有时候内部"地盘"的划分更重要，越大的公司，内部倾轧越厉害。"会哭的孩子有奶吃"，你在外攻城略地，汗马功劳，却敌不过人家在公司内部会议上的几句话。类似岳飞和秦桧这样的案例，历朝历代比比皆是。

处理好内部关系，要远离那些只会在公司或团队内找项目的销售。不要迷信狼性文化，狼性文化很容易"内卷"成"狗咬狗"。有的销售为了年底的数字，会肆意诽谤他人，只要你的工作范围跟他有交集，他就有可能通过领导或销售管理部门将你辛辛苦苦拿下的某个项目划入自己名下。有些客户的归属是很模糊的，既可以算在 A 行业，也可以算在 B 行业。如果打算做这个客户，从一开始就要厘清，并取得公司或团队内的明确认可。

对于内部问题，实在躲不开就得勇敢面对，内部关系都搞不定，对外更没战斗力。涉及地盘划分，一定要坚决维护自己的权益，不轻易丢失任何一个价值客户。自己想要的客户也要早早动手，并要有理有据地拿到手。

处理好与售前的关系

售前,指的是售前技术支持人员,一般 IT 厂商将其归入销售体系或市场体系管理。也有公司将其纳入技术体系,由技术总监管理,技术总监统管研发、售前、售后的所有技术问题。还有的小公司售前、售后不分,统称为技术支持人员,项目前期交流、写方案、测试、实施、服务,全由同一批人员完成,所以这些技术人员的能力还相当强。

具备技术能力的全能型销售是相当少的,否则他就可以将商务、售前、售后一手搞定了。这样的销售往往是从技术人员转型而来,不过一旦转型销售,他的技术能力也就迅速地"退化"了。因为技术这东西,是需要经常上手练习才能保持的。大公司都倾向于员工技能专业化,他们并不偏好全能型人才。大公司的优势就在于流程化规模化处理订单,而员工一旦全能了,极有可能离职创业。

绝大多数销售在工作中都需要售前人员配合,组成一个团队作战。按说销售和售前最好 1:1 配置,客户有什么技术问题便可以及时解决,不过现实中几乎没有哪家公司可以达到这个比例。这倒不是因为售前人员很难培养,而是老板们总相信自己的产品足够好,足够标准化,销售足够聪明,认为每增加一名销售都可以增长一些数字,而增加一名售前只会增加开支。只有在被竞争对手打得头破血流之时,才会发现自己的产品和人员都没么优秀。缺乏售前技术支持的销售人员,就像战场上缺少炮火支援的前锋将士一样寸步难行。

所以内部沟通的第一要务是选好自己的搭档——售前或咨询顾问。如果搭档不合适,应该尽早更换。这里说的不合适,主要有两种情况:

一是太懒。比如跟他约好了早上 9 点一起出发去见客户,到点了还见不着人，打电话去催，结果人还在床上。如果他不是忘记行程的话，就属于工作态度问题，应该向公司说明详情并坚决要求换人。千万不要因为售前资源紧张，差不多就算了。一句"算了"，你成为销售高手的机会也就没了。

二是能力太差。一般新加入团队的售前，由于产品、业务不熟悉，技术和方案能力弱一些是可以忍受的，如果基本素质没问题，只要足够勤奋，从一些非关键项目开始培养，一定会逐渐成为优秀的售前。与自己的项目一同成长起来的售前，更懂得客户实际需求，而且适应了团队的小环境，更有归属感。如果无论怎么培养都"不上路"，工作效率太低，技术水平还赶不上销售人员，那么可能还是基本素质问题，可以为他另寻一个合适的岗位。

至于售前性格内敛，不擅长和客户打交道，或者不善于和内部的研发、市场、其他技术部门沟通，无法得到有效支持，那就要看具体情况了。虽说售前等于半个销售，在团队中的作用相当重要，但如果销售自己能够弥补这些缺陷的话，也不是什么大问题。一个人总不可能什么都好，如果什么都好，他早就去做领导了，怎么可能留下来给你做售前呢？

对于长期配合自己工作的售前小伙伴，销售人员要懂得一点"怀柔"策略。因为售前偏重技术，通常来说没有销售那么高的情商，话说直了容易损伤他们的积极性。在项目成功后，申请表彰和奖项时，要不吝言辞地肯定售前的功劳。在项目出现问题的时候，要勇于承担责任，保护售前。邮件、聊天群中要特别注意不要将售前置于比较尴尬的境地。你们是一个团队的，别人欺负你的售前，也就等于在欺负你。销售永远是项目的第一责任人，不管你将赢下来的项目归功于谁，最终这个项目还是你的；不管你将失败的原因归咎于谁，别人都会认为你输了。

处理好跟上司的关系

处理好跟上司的关系，原本就是职场中关键的环节，在大公司里工作过的人都知道，工作能力只是基础，能否"混"得风生水起，还取决于有没有人赏识你。所以，我在很多章节都提到过，能否成为销售高手是个技能问题，但能否得到升迁则是一个更高层面的话题，甚至有人称之为"艺术"。我们在本书当中只讨论技能问题，而不讨论"艺术"话题。无论是升迁的"艺术"还是领导的"艺术"，大家可以通过本书后半部分的案例和故事去体会。

也许有的销售并不指望将来成为公司高管，只想做好本职工作，成为专家型人才，但如果和上司的关系都搞不好，就很难得到好地盘，拿到好的资源，确定合理的任务量。经过一年的努力，即便有了好的业绩，没有上级的举荐，销售也依然无法参与公司评奖，无法获得最高层面上的认可。上司之所以成为上司，就意味着他早已得到公司的认可，高层只愿意通过他来处理与一线销售相关的事务。

要成为销售高手，必然要攻克一些大项目，就有无数跟上司打交道的机会，比如申请价格，实施"三板斧"，以及申请其他资源。如果销售总是跟领导客客气气的，领导便也跟他客客气气地公事公办，如此这般地不贴心，怎能精诚合作做成大项目呢？做过销售工作的人都知道，但凡像样一点的项目，有几个是公事公办做成的呢？即便在外企，给销售配备的常规资源也同样不足以拿下大项目，首先价格就是个大问题。

另外，销售千万不要让上级怀疑自己，这种怀疑一旦在上级心里生了根，就一定会产生后果。比如上级怀疑销售从项目中拿了好处，怀疑销售将项目卖给竞争对手（俗称"卖单"，指销售和竞争对手私下沟通，为了个人利益故意输掉项目），比如怀疑销售越级汇报，怀疑销售到处说自己的坏话且有"颠覆"自己的嫌疑，如果这样，那么矛盾的爆发只是时间问题，而一般来说，受伤的大多是下属。

秦 静

某公司的销售高手秦静是一个年轻女孩，她的性格比较张扬，行为比较跋扈，公司各职能部门的年轻人对她敢怒而不敢言，年纪大的提到她也只是一笑而过，时间长了，大家便习以为常。但销售们长期在外，就没那么讲究了，对她的批评不绝于耳，她的各种故事传得到处都是。

有一次销售培训，唯独秦静没参加。用餐期间，某外聘讲师听到销售们对秦静的议论，他便问其中最为活跃的一位："秦静是你们公司业绩最好的销售吗？你们这么八卦，搞得我都很想认识她啊。"

销售："是的，我们公司的销售高手，老板眼里的大红人啊。"

讲师："为什么说是大红人？"

销售："老板言必谈秦静，每次销售回总部开会，老板都要单独召见秦静。还有，老板现在很少见区域用户了，只有秦静能跨过大区和销售部，直接搬得动老板。"

讲师："那她能力很强啊。"

销售："什么能力啊，不就是靠老板吗？说得几句好听的话，搬得动老板，老板出面，单子不就谈下来了吗？"

讲师："不对啊，这就是能力强的表现啊。能调用公司资源调用到老板头上，能力该有多强啊！老板能轻易出马吗？一定是有十拿九稳的单子才会跑区域市场啊。如果多有几个省像秦静一样出业绩，我相信老板还是愿意出差的。"

销售："老师，不是这样的啊，同样是省分行的项目，都十拿九稳。我们很多办事处都拿下了，老板怎么不去呢？非要去秦静那边，结果原来几百万的数字，老板出面后直接做成了2000万，她今年就比我多了这1000多万业绩，所以又成销售高手了。"

讲师："那么老板到你那边去，你能保证数字也变成2000万吗？"

销售："这个，没法说，有可能，但不能百分之百保证，我相信秦静同样也不能保证。"

讲师："那你邀请过老板吗？"

销售："没有。"

讲师："为什么不邀请老板去呢？省会城市都有航班直达，条件都不差的啊。"

销售："我跟老板不熟啊。"

讲师："那秦静为什么跟老板熟呢？"

销售："她是个女孩子，天生爱讲话，一进公司就往老板办公室跑，带点当地土特产什么的哄老板开心，有时是自己做的糕点。我们大老爷们弄不来这个。"

讲师："这么说来，秦静和老板也没什么特殊关系了？"

销售："那应该是没有的。我们老板还是挺专注事业的，呵呵。"

讲师："别傻笑了，小伙子！听我的，下次有大项目时，你硬着头皮邀请老板一回。至于之前要怎么铺垫，要怎么跟老板套近乎自己想办法，反正你要把老板请过去。"

销售："那万一项目做不成怎么办？"

讲师："这个你不用顾虑，只要把老板请过去就行了。"

……

几个月后,该销售果然把老板请过去做成了一个大单,他给讲师打了个电话:"您当时说不用顾虑,是什么原因?你怎么知道单子一定能拿下呢?"

讲师:"我不知道啊。我只知道你没有一定胜算不会请老板过去,而老板一定比你能量大,无论是价格、服务、给客户的信心,都比你强,也比竞争对手强,其他厂家老板没过去的吧?御驾亲征啊,能允许丢单吗?他不会分析项目吗?他敢去,就一定有把握,就算拿不下来,他也要为自己开脱,轮不到你写丢单报告。我可以预测,老板拿下的项目,年底一定评奖,这奖当然是你拿。到时候再请我吃饭。"

销售:"原来如此!"

讲师:"拿下单子后,感觉跟原来不一样了吧?"

销售:"有一种会当凌绝顶,一览众山小的感觉。心里有底了,别的大项目自己直接上也不怕。"

讲师:"那就对了。我不知道你们项目上具体的事,但我上次听你讲秦静的事,就知道她经历过同样的过程,作为一个销售高手,一定会将公司资源用到极致的,公司资源包括老板。"

年底,请讲师吃饭的是两个人,这位销售和他的女友——秦静。

关键 12　如何选择适合自己的平台

成为销售高手的前提是首先成为一名合格的销售，这并不是一句废话。太多从事销售工作的人员从一开始就失去了成为销售高手的机会，因为他们选择的平台不对，得到的训练和资源都不足以支撑他们的梦想，这就是人们常说的"选择比努力更重要"。一般来说，像乔布斯一样没怎么打过工就成为销售天才是很不现实的。除非你也一样有沃兹尼亚克这样的朋友，也参加过"家酿计算机俱乐部"这样的顶级行业创始人组织，这些人和事同样也是平台。对于多数人来说，加入一家国际化大公司，或引领潮流的公司是成为销售高手的"捷径"。大公司的销售人员主要有以下几个来源：

一是从应届毕业生中招募，然后加以培养。这种模式以国内的大厂商居多，他们有成熟的员工培训模式，各个岗位的职员都以自行培养为主，应届毕业生等于白纸一张，很容易先入为主接受自己的企业文化。以华为公司为例，他们招聘的应届毕业生，不管硕士还是本科，一般要在深圳总部锻炼一年之久，然后再正式派往各业务部门。新员工大多安排入住百草园，日常除了培训，会参加各种岗位体验，包括基站安装等体力劳动，以及制造、物流、客服等。分配到各个代表处的新销售，从一开始就对公司充满了认同感，而且对公司流程和部门分工有了一定的了解。不过销售技能不是培训中心能够培养出来的，还得从实际项目中锻炼出来，代表处会给他们安排"师傅"一对一"传帮带"。第一年给予充分的"保护"，哪怕业绩为零也不会被公司辞退。除非有重大违纪行为，一般会分析原因帮助其改进，最差的情况是调离客户群或部门。

二是社招。外企常用这种模式，好处是见效快。有经验的销售人员手头有客户资源，熟悉产品和行业套路，很快就能产生业绩。社招人员在长期工作中形成了自己的工作风格，比较难接受新公司的企业文化。企业对社招人员要求较高，一般半年不出业绩就会讨论此人是否适合留下，也有少量企业将考核期放宽至一年以上。

三是转岗，从售前、研发、职能部门转岗。这些员工认可企业文化，熟悉公司管理制度，往往是市场、技术、职能部门中比较活跃的人物，善于跨越"部门墙"寻求资源，也是主要的销售人才来源。各家公司都有一些比较传奇的转岗故事，比如微软前中国区总裁吴士宏，最早是一名护士，入职微软成为公司前台，之后转岗成为销售，最后成为高管。实际上，从销售助理、文员转岗成为销售甚至销售高手的故事几乎每家公司都有。另外，不止一家公司的销售高手是老板的司机转岗而来，还有老板的家庭教师转岗销售的……

不管人们从哪一种方式走向销售岗位，初心都是想把业绩做好，最好能够成为销售高手，赚钱多，还能升职。但大小公司之间的差距是巨大的，小公司的销售高手收入充其量能赶上大公司的中游水平。大公司各部门之间的销售高手也有很大差异，所以同为销售高手也分三六九等，平台的选择尤其重要。

并不是说小公司一定不好，小公司资源不足，但能锻炼销售的各种协调能力，也能让销售了解自己做客户工作的本领有多强，对将来想创业的人来说是一种宝贵的经验。很少有人一开公司就是大公司，基本上都是从几个人开始的，这时在小公司打工的经验就用上了。

而大公司有诸多资源，多到销售们搞不清楚赢下项目到底是凭自己的本事还是公司的品牌所致。但人在社会中要取得一定成就终归要借力，从这个意义上来说，销售还是尽量往更高的平台上靠。

池忠陇

1985年，池忠陇出生在甘肃南部山区，年少时的他只去过县城，经过不懈努力终于考上了西安的一所985大学，学习电子工程。由于家里穷，他特别不自信，大学四年没恋爱过，也没给自己买过像样的衣服，就连头发和胡子都懒得打理，胡乱地生长着。毕业时他也胡乱地投了些简历，没回应，本想大概率留西安了，不想最后时刻却获得了上海张江一家网络设备公司的录用通知，电话里，HR告诉他将有机会获得上海户口，他便来到了上海。

从事研发工作两年后，公司销售体系内招，池忠陇鬼使神差报了名，成为一名销售。他做销售的目的很简单，作为一名"张江男"，研发工作过于枯燥看不到前途，他都没机会好好了解上海这座城市。不过上海的部门主管没要他，理由是他太土了，不适合在一线城市跑客户。池忠陇又主动要求回西安，这种要求一般都不会被满足，最终公司将他派到南方某内陆省份。

池忠陇给自己买了两套西装，去理发店打理了一番，便上岗了。刚开始他负责的是政府行业，打电话预约各厅局信息中心，拜访成功率相当低，三个月下来很多客户都没见着，更别说项目了。于是领导安排他跑地市，地市的客户果然好见很多，通过经销商请吃饭一次能见好几个，池忠陇也渐渐收上来一些零碎的订单，其中不少来自县级单位，都是经销商贡献的。虽然客户的层级不高，但他还是得到了锻炼，一整年下来，衣着打扮、言谈举止已经符合一名销售的标准了。年终会议上，大概是觉得自己和大家的差距还是相当大，池忠陇坐在最后一排，合影时也自觉地站在最不起眼的位置。他特别羡慕那些销售金牌获得者，可以站在老板身边合影。

怎样才能成为销售高手呢？池忠陇回到办事处之后，除了工作没有别的事可做，整天琢磨这个。机会很快就来了，他的客户当中有一位调任省公安厅信息通信处副处长并主持工作，恰好赶上全省网络大改造，池忠陇终于能做省级的大项目了。

又一年下来，他进步巨大，在全国销售体系中排名前十。"如果换个经济发达省份，说不定这次就真成销售高手了"，他是这么想的。没多久，上海部门主管换人，他觉得机会又来了，便与新任的上海主管通话，说自己毕竟落户上海了，长期在外地工作也不是回事，连个女朋友都没敢交往，所以希望能安排回沪工作。主管答应了，不过得安排他啃制造业与外企"这根硬骨头"。一家国内厂商要在上海打开外企市场，听着就很不靠谱，不过有什么办法呢。全国各地想回总部的销售有很多，他不能放弃这个机会，不过这样肯定就和销售高手无缘了，他还是觉得很遗憾。

第三年他买了一辆车，从张江到漕河泾，从金桥到金山，从嘉定到临港，踏踏实实地跑了一年外企和制造业，年终业绩排名中游，已经相当不错了，因为之前这个行业的销售数字接近于零。这是池忠陇成为"张江男"的第五年。有一天他突然发现，自己见到外企那些漂亮的白领丽人也不紧张了，大家沟通起来挺顺畅的，约着去虹桥吃日料，或者一起组织会议，再也不会有什么尴尬的表现了。也就是说，他用了四年大学加五年工作时光，终于实现了自己的"城市化"。

自我意识的觉醒极大地增强了他的自信。他终于有了女朋友，某外企行政部的一个女孩。女孩家是本地的，她暗示池忠陇得买房，要不妈妈不会同意他们交往，于是他便在张江买了一套小房子。

购房后，池忠陇的收入压力陡然加大了，不得已要寻找出路。在女朋友的鼓励下，他离开了张江这家公司，跳槽到一家外资厂商负责全球客户，其中一些就是他原来的客户。2013年之后，这些海外网络通信设备厂商仅存的"堡垒"就是外资制造业了，所以池忠陇在第二年就成了这家企业中国区的销售高手，比他自己预想的要快得多。他的收入实现了数倍增长，而且每年年底他都能去加州的总部开会，顺道带着女朋友也就是后来的妻子，去美国各地旅行。

2017年，他妻子在加州生下了一个孩子，同年他们在旧金山附近购房。2019年，出生于大西北山沟里的池忠陇一家移民美国。

我们可以看到，这个故事的主角池忠陇生活、学习和工作的平台有明显的跨越：第一个跨越是从陇南山区到西安，成为985大学电子工程专业的学生，这也是他后来第二次跨越拿到通信企业录取通知，拿到上海户口的关键因素；第三次跨越是从研发到销售，频繁的人际交往使他更快地完成了"城市化改造"，从而遇到了"人生的另一半"；第四次平台转换是从小公司到国际化大公司，其中他在外企工作的女友，也就是后来的妻子起了很大作用；第五次跨越是移民美国，方便他往来全球各地。

当然，每个人的追求和偏好不同，池忠陇的平台转换并无高下之分，只是对他来说，每次都环环相扣，改善了生活境遇，还是非常值得肯定的。其中销售工作的平台转换最为关键，毕竟收入还是相当重要的。

关键 13　维护自己的"地盘"

销售高手通常是指完成数字最高的销售，也有按完成率排名的，不管哪一种情况，绝对数字都是非常重要的。完成率只有 80% 但绝对数字有 1 亿的销售，在公司内的地位也比完成率 200% 但绝对数字只有 2000 万的销售要高。这里涉及一个选"地盘"的问题。在主流 IT 厂商的行业市场中，市场容量大体上都是按运营商、金融、能源、交通、媒资、政府、教育、医疗、SMB 来排序的，那么要成为销售高手，就尽量要选择靠前的几个行业。我们很少听说哪家公司的销售高手是负责教育、医疗或者中小企业的，除非这家公司的产品竞争力不强，所以将重点放在这些不被竞争对手重视的领域。

在很多公司，存在同一个行业内有多位销售，或者一位销售负责多个行业，相互交叉的情况，总之销售之间的地盘划分不是很严格。这容易导致销售之间产生"抢地盘"的行为。它可能是管理能力的问题，也有可能是高层有意为之，制造灰度，鼓励销售之间相互竞争，避免产生市场空白。作为销售个体，抱怨是解决不了问题的，要做"抢地盘"游戏中的强者，将订单拿到手或者让客户替你说话比在公司内吵吵嚷嚷强。

要换位思考，假如自己是老板，会怎么对待下属的这种争端？顺着这个思路去做就对了。

分好地盘后，任务量的确定也非常关键。如前所述，有些公司是按任务完成率来发奖金的。公司领导和部门主管总是希望销售能多领一些任务，这时一定要考虑到市场容量和可能性，不要年初头脑发热，年底手脚冰凉，努力了一整年，完成的数字最高，却没有任何收益，别人也不会认为你是销售高手。毕竟销售考核也相当于一种游戏，规则没掌握好，结局也会非常戏剧化。

及时调整工作重点

每年的价值客户列表都会变化，今年出了大单的客户，明年就可能碰到一个"小年"。所以要积极跑动，发现更多的机会点，充盈项目一级、二级水池，确保来年还能完成数字，继续成为销售高手。

运营商的大小年很好理解，3G、4G、5G的建设期就是"大年"，结束后就是"小年"，小年也许有大数据项目，可自家的产品有无竞争力呢？所以要提前布局。在金融行业，全行性的业务改造是大年，几年一次，不过好在银行、保险、证券、基金、互联网金融，这些金融客户众多，会源源不断地产生新需求。教育行业也一样，高校新校区的高峰期过去了，信息化投入就会下降得很快，这时可能要把握住基础教育的热点，基础教育的工作重心在区县教育局而不是一所所学校，需要提前布局才能保证业务量稳定。医疗行业和教育行业很类似，三甲医院的需求和高校差不多，区域卫生信息化跟基础教育信息化相似。

教育和医疗的项目周期很长，落单时间很难准确把控，所以多数大公司不把它们当作价值客户。

如果区域市场容量太小，确实没可能成为销售高手，该怎么办？那就要及时做出调整。"树挪死人挪活"这句大俗话总是适用的，尽量想办法调入其他区域市场，或者借着上一年业绩好的优势调入全国行业市场部，去北京做全国市场，甚至调往海外。总之，"发展才是硬道理"，业绩才是一个销售最大的话语权。想要连续几年都考评得 A，就得像"升级打怪"一样不断变换手法。否则一年强一年弱，要多好的运气才能确保下一个升职加薪的就是你呢？

学会借力

对于厂商销售来说，自己跑客户拿单子是一个方面，还可以通过合作伙伴一起做些大项目。有的业务软件开发商跟客户黏性很大，项目当中可以打包硬件一同销售给客户，硬件厂商跟他们合作事半功倍。有些厂商的销售高手其实自己手上没几个客户，但有几家非常好的合作伙伴帮他拿单子，他只需做好公司和集成商之间的协调工作即可。这些经销商也是自己的"地盘"，要确保这些经销商在承诺的范围内始终与自己合作，而不是与竞争对手或同事合作。

同样，对于集成商的销售来说，也可以借力厂商拿到自己想要的客户和项目。例如 Cisco 公司中国区早年为了规避一些经营上的风险，将许多价值客户交给集成商打理，许多集成商从此做大做强。不过 Cisco 公司后来发现随着自己销售队伍的更新，对客户的把控力度越来越弱，他们又发起了一场夺权运动，让销售们从集成商手中夺回客户。而衡量客户是否在自己手中的唯一标志，便是更换掉原来的合作伙伴之后，客户依旧选择 Cisco 设备。

所以，厂商借力集成商的同时，也务必保证对客户的黏性，确保市场拉动力还在。集成商同样也应该更加注重跟客户的黏度，毕竟和用户签合同的是集成商而不是厂商。在客户关系方面，厂商和集成商的竞合、博弈是长期存在的。

开工

IT 公司年初的销售年度会议，就是人们常说的项目启动会议，往往都是一场抢地盘大战。这出抢地盘的大戏有部门之争、行业之争、区域之争、团队内部之争，层次、角色异常丰富，门外看戏的人觉着精彩，然而身处其中的人们甘苦自知。

M 公司去年入职的新员工包学华（英文名：Robbin，昵称：包包）第一次参加项目启动会议。他原本以为只是一次两个小时的大会，没想到会议竟然开了三天，直到他们回到上海办事处，分地盘的事还没结束。项目启动本来就是一系列会议，先是在北京开中国区会议，然后是行业会，接着是东区会议，最后是团队内部会议。

包包的主管是陶林（英文名：Tom），东区商业系统的销售总监，他手下除了 Robbin，还有两位同事 James 和 Christina，在北京开会时，分地盘压力都是作为主管的 Tom 在扛。

他们入住于金融街的一家五星级酒店，放在往常，会议期间进出游泳池、健身房、周边商场的都是公司同事，但这几天并没有。开工大会后的周末紧接着就是各种小会，大家在各个会议室和客房之间来回穿梭，连一日三餐都在酒店内解决，紧张的气氛让大家没有任何愉快的假日感受。

大会后的第一轮小会是四个大区分地盘，这一轮会议不只是大区负责人参加，由于担心出现遗漏，自己的团队吃亏，东南西北四大区的行业团队主管也踊跃"助战"，Tom 当然也在其中。包包、James、Christina 便聚集在一间客房里等着 Tom 和他们电话沟通。

外人会以为按地域划分就像切比萨饼一样简单，以为他们在争执华中属于东区还是南区，山东属于北区还是东区，福建归南区还是东区。但这些省区的划分在 M 公司这样的外企并不是最重要的，他们最大的市场在一线城市，二线城市业务就要差很多，三、四、五线城市衰减得更厉害，几乎全权交给经销商负责。他们的地域划分沿袭往年的安排，北区最大最强，包括河南、山东在内的整个华北，以及东北，办事处设在北京；东区办事处在上海，包括长三角三省一市加华中三省，华中曾一度划给过南区，后来又归东区，将来有可能独立成大区；南区面积是最小的，包括广东、福建、广西、海南；西南加西北就是西区，面积最大，收数最少。

包包刚入职，当然也有这样的疑问。Christina 比包包早一年进公司，所以更愿意答疑解惑，她解释道：

"Robbin，大区之间的地盘划分，主要是明确一些客户的总部或中国区总部所在地和其他区域该怎么分数字。比如北区的部委和央企常常统一采购，设备分配到各地后，服务却要我们其他区域来做，我们当然会要求分配数字。另外，如果总部选型，分部自行采购怎么办？还有他们北区在北京的部委关系会不会白做？一般来说，会采用属地加大客户模式管理，但实际操作中，厂商并不直接与用户签合同，所以中间还存在总代、一级经销商、二级经销商，其中一级又分金牌、银牌经销商。而且许多代理商的业务也是跨地域跨行业的，他们有自己的客户公关能力。这样一来形成多层级多维度管理，问题就复杂了。"

包包感到更困惑了，他说道："这么麻烦啊，怪不得要开会。还不如像国内厂商一样一刀切，严格按地域划分。据我所知，华为就是这么干的，他们的销售地盘分得特别清楚。"

"不可能的，分地盘的事，任何厂商都做不到那么清晰，销售都要学会自己争取利益，"James 正在给 Tom 发信息，他停下来对包包说道，"华为的销售也抢地盘，不信你再了解了解。"James 是个沉稳的中年男人，并不打算举证说明，他还要在手机上继续编辑信息，因为 Tom 需要源源不断的"子弹"。

于是 Christina 继续道："大区之间的地盘划分，矛盾就集中在如何定义跨区客户，客户的下属部门、子公司数字算谁的？这事非常有讲究，比如北区定义一个教育部意义不大，因为不可能将全国的教育项目都收入囊中，而部里的项目天然属于北区，部里的采购也并不多，除了CERNET（中国教育科研网）之外鲜有项目和各地交叉，犯不着为了这点数字跟其他大区交恶。但定义一个中石化意义就非常重大，其他三个大区就会跳起来，要求采取属地化原则，因为中石化多数网点都在南方，各种炼化工厂、设计研究院遍布全国。另外，与中石化信息化相关的大集成商也在北京，北区可以通过集成商猎取各地项目，我们同样会要求集成商遵守属地化规则，在我们的地盘上，他们就得通过我们下单。不过有的全球性客户在国内没有明确的地区总部，负责采购的信息技术部门、机房可能会变换城市跑到别的大区去，这样的客户要是在我手中，我也不会主动将客户交出来。"

第一天全国各大区主管的会议结束后，紧接着第二天Tom又带领团队参加了东区的会议，包包得以第一次现场参加抢地盘大战。东区所有没有被定义客户原则上都归Tom的商业系统团队，但每年这个时候其他团队都要虎口拔牙，从商业系统客户群中淘出几个价值客户来拿走。这么做有理有根据，因为市场在不断变化，价值客户列表也在发生变化，除非商业系统团队已经在某个客户上产生了很多数字。现场气氛颇有火药味，两两团队之间几乎都在吵架。Tom这次要力争的是，确保任何团队从商业系统每拿走一个客户就得淘汰一个价值客户出来，而对方表示做不到，认为名额太少了。

午餐时，Tom告诉包包："说难听点，商业系统团队就是捡别人剩下的，靠培育中小客户和捡漏完成数字啊。我们如果不够好斗、进取，留下的就只有残羹冷炙。"

实际上，有时因为市场变动剧烈，商业系统反而会成为区域中数字最高的团队，实际上多数公司都出现过这个情况，越是大品牌越明显。好比丰收期的橘子树，来不及主动去采的成熟果子会自行掉落，一阵风雨过后，地上满是金黄一片。商业系统团队和经销商们，在销售体系中就起到了一个托盘的作用。

当然，严格地来说，任何比喻都是不确切的，所以Tom继续补充道："虽然我们做的不是价值客户，但要在这些客户中按低一些的标准选出我们自己的价值客户来。如果稍微好点的客户都被其他团队拿走了，矮子里面挑高佬，我们还是要确保手上有几个能拿得出手的客户，名义上不是价值客户，实际上产的数字一点儿也不少。否则靠那些小项目零零碎碎的一台两台设备，谁敢承诺这么高的数字啊？！"

"Robbin，销售对外要有战斗力，对内也得窝里横。如果连内部都搞不定，外面的压力更吃不消。"James的话很少，但有一句是一句。包包听Christina说，这么些年来，从来没人能够从James头上抢走任何一个客户。即便是Tom、东区老大，对他也很尊重，他的地盘一直是"高度自治"，业绩始终保持中国区的中上游水平。同事们都说，除非整个中国区被裁并，否则James永远是个不倒翁。

东区的会议结束后，政府与公共事业、跨国公司、金融、能源等团队都没能从商业系统团队拿走几个客户，从价值客户列表中淘汰下来的客户质量也不低。他们顶住了压力，确保了部门内部有足够的腾挪空间。

接下来是他们团队的内部会议时间，Tom连会议室都没预定，直接带着三位下属去消耗剩余的团队建设经费。三月底的北京春暖花开，不过他们没时间跑得太远，去爬了趟西山，然后到前海吃晚饭喝酒，半夜回酒店睡觉，第二天中午高铁返回上海。

包包有点惴惴不安，部门内的地盘就算分好了吗？Tom只在去西山前简单说了几句话而已，说让他负责教育、科研、文化、卫生未被定义的客户，James和Christina照旧。然后Christina补了一句，教科文卫就没什么价值客户。"这就结束了？"包包觉得很奇怪，之前大区之间和东区团队之间吵得这么厉害，为什么到团队内风平浪静了？是因为自己所在团队凝聚力强吗？

回到上海之后，公司通知大家将名下的客户梳理一遍，确认自己在CRM中对应的项目清单。包包没有老客户，只有几个Tom交过来的项目，他便登录CRM，准备把一个个高校、科研机构、医院、卫健委录入系统。结果她发现，复旦、交大、同济、华师大在Christina名下，卫健委、申康中心、中科院上海分院在James名下，其他客户比如三甲医院也有约一半早有归属。

怎么办呢？他想了很久，终于鼓起勇气去问Christina，她说这好办，交大、华师大归你吧，其他的也归你，除了复旦、同济，还有几家医院之外，这几家我还有项目在跟呢，今年都会招标。他又问Christina，James名下的客户怎么办？Christina说道："他的客户？如果能出单的，你就不用问了。如果不出单，你要来干吗？"包包感到很郁闷，他的地盘中一多半"大客户"都在Christina和James手中，Tom说这些客户属于他，他却拿不过来。

Tom似乎发现了他的烦恼，找了个时间请他吃饭。饭吃到一半，Tom问包包："Robbin，这两周的工作有什么问题吗？"

包包道："有问题，我一直在想怎么跟你说呢？"

Tom："哦？是不是我不问，你今天也不打算讲了。"

包包："抱歉！我确实考虑太久了。其实一开始就应该提出来，关于我负责的这些客户，有一半都被定义了。"

Tom："怎么说？我们负责的都是定义之后的商业系统客户啊，怎么就又被定义了呢？"

包包："我登录CRM，发现教科文卫一大半客户都在James和Christina手上，我跟Christina交流过，她说还有几个客户她要继续跟下去。"

Tom："嗯，James那边你问过吗？"

包包："没有。"

Tom："那你打算下一步怎么办呢？"

包包："我对这些客户做了一些调研，从侧面或正面了解了今年的项目情况。Christina说要保留的那几家客户，其实她也不算很熟，主要客户关系在经销商那边，而且有些项目不跟的话未必是我们的。比如复旦，客户关注的是产品和解决方案，所谓的客户关系作用不大，招标时还得看性价比，倒不如多跑几趟多交流，了解的情况更直观。"

Tom："继续，James名下的几个客户也说说看。"

包包："James名下的，实际上一两年都没动静了，有些客户和经销商甚至没听说过James。当然，这可能是他太忙了，跑不过来……"

Tom："哦，那么你在犹豫什么？"

包包："在犹豫先找James还是找你，该怎么提出来。"

Tom："还不错，我还以为你就要认下这个地盘了。要知道，如果真是价值客户，这周末再不修改客户隶属关系就没戏了。幸好这些都不是，挂在谁名下都不重要，因为它们还是商业系统客户，只要发邮件给我批复后可以随时修改。"

包包："哦，这么简单，不用James和Christina同意就可以改？不是说James名下的客户就从来没有给出去过吗？"

Tom："你听谁说的？亲自问过James吗？怎么知道他不会给你？Christina这么点小心思就把你唬住了？哈哈……James前几天就发邮件给我了，说他名下的教科文卫相关客户都划转给你，Christina那边你不用管，我会直接发出邮件来，她说的那几个客户，包括复旦、同济，还有几家三甲医院，同样转给你。"

包包："多谢！多谢！"

Tom："谢什么？本来就是你的东西，你自己不敢来拿。还是不够好斗、进取啊,这点还是要改进,销售怎么能没狼性呢?换个团队,这些客户你还真不一定能拿到手。不过你在短时间内调研这么多客户,功课还是做得不错的,这样别人想不交出来也没理由。"

第二天,包包请 Christina、James 吃饭,一是感谢他们移交客户,另一方面也是了解 M 公司这些年来在这些客户身上有些什么基础。

关键 14　将资源用在价值客户上，不要做老好人

　　销售会接触到各种各样的客户，其中既有价值客户，也有非价值客户。有些客户预算不足，采购过程中想尽办法让销售"变通"，采取减配、降低服务标准的方法缩减预算，但进入售后阶段又什么都想要。这样的客户不仅无法帮助销售完成数字，还会在沟通协调上耗费大量时间。另外，客户内部提要求的人和部门也很多，不可能一一照顾到，应该以满足核心部门和决策人核心诉求为第一要务。

　　为什么有的销售会将精力放在这类非价值客户上呢？最主要的原因有两个：一是不懂拒绝，错误地理解"客户即上帝"，无原则地满足客户要求，从而将自己带入坑中；二是太懒，价值客户一般姿态较高，需要做大量工作，而非价值客户往往不怎么努力就可以拿下，还对自己特别客气。

　　大众的生活智慧同样适用于销售工作，但凡老好人是赚不到什么钱的，所以不分轻重对所有用户"一视同仁"的销售也很难成为销售高手。公司的任务压力一定会让销售顾此失彼的，必须在很多领域做出选择。销售工作可谓纷繁复杂，各种意想不到的情况层出不穷，是最适合履行

"要事第一"理念的领域。如果你总是希望做老好人，那么你的主管也会做老好人，他把价值客户交给那些"狠角色"，而让你负责那些事情很琐碎，项目很小的行业，这样他能既完成整个团队的数字，也对得起中小客户。

老张与常庆

老张是公司的司机，一半时间给老板开车，一半时间给各个部门开车，全看老板和行政部的调配。简单地说，就是老板不用车的时候，就归行政部管。公司有规矩，所有人调度车辆都得通过行政部填报申请，审批通过后用车。流程也很简单，早年是在行政部填表，后来改邮件申请、ERP电子流，现在手机上点一点就好了。不过老张和行政部都"拎得清"，老板例外，不用填写电子流，一个电话随叫随到。

常庆是供应链的一名小主管，工作内容包括突击检查供应商的生产环境，有的小厂比较偏远，他便申请行政部派车，所以经常能坐上老张的"老板车"。时间长了，30岁的常庆和50岁的老张便熟络起来。

老张离退休还有十几年，不想就这么开一辈子车，他想转行做销售，因为这几年来耳濡目染，也了解了不少公司业务，他的主要问题是没有学历。常庆也有此意，供应链的工作太枯燥了，但他的问题是没有销售工作经验。他们常就公司的一些销售相关问题进行讨论，老张鼓励常庆要勇于尝试，实际上也是在暗示自己。一段时间后，老张向老板表达了这个意思，常庆也向销售部和供应链正式提出了转岗请求，他们几乎被同时转到了销售部。

销售总监手上有几个空缺岗位，其中比较迫切的是安徽的一个省区主管和四川的一个岗位。安徽的情况比较简单，办事处主任离职了，当地一些客户因为服务问题频繁投诉，年轻的一线销售们控制不了局面，急需一个能协调公司内部资源的新主任来"压压场面"，显然常庆和老张都能胜任。四川的情况比较复杂，当地的业务开展还比较顺利，不过由于市场比较大，有三四位资深销售相互竞争。论能力论年龄这几位都可以做主管，但他们江湖气比较重，谁也不服谁，最好的解决方案是找合适时机都换掉。当下业绩最好的一位销售去外企了，留下的空档如果没有人补上又会形成新的争斗，所以得从总部派人过去。派去的人暂时不能被任命为办事处主任，但要明白自己的职责和目标。

显然，老张比较适合去成都，于是常庆被派往合肥。

常庆到合肥之后，首先解决服务问题，他毕竟是在总部工作过七八年的小主管，通过自己的老关系从售后部门要了几个工程师，花了一周时间集中解决客户投诉的要紧问题。

几位销售都刚毕业没什么社会经验，常庆便跟着他们一起去向客户赔礼道歉并请客吃饭、喝酒唱歌，他借着酒劲说："我是从供应链出来的，也算做过甲方吧，对你们在服务问题上的遭遇感同身受，我也担心供应商出质量问题，反感他们说话不算数，做事拖拖拉拉。以后只要我常庆在安徽一天，就服务好你们一天，决不食言。"客户是个上了年纪的部门总监，听了这些话非常感动，加之酒精的作用，不禁站起身来和常庆合唱了一首周华健的《朋友》。几位新销售也很开心，在一旁帮他们打拍子，毕竟这首歌让他们回忆起了童年。客户当场表示将继续购买他们的产品，"只要你常庆在安徽一天，我就一天也不可能买别家的产品。"

最初的"蜜月期"过后，常庆发现随着项目的持续，他要处理的售后事务越来越多，前任给他留下了一个"巨坑"。这些客户大多是些制造业和宽带客户，购买的也总是些公司打算淘汰的交换机型号，因为质量差异不齐，服务工作量巨大。可制造业用户觉得性价比高，他们只买得起这些。其中有一个批次特别奇怪，大概是芯片的问题，上电后半年一准坏，只能全部更换。所以安徽办事处看起来销售数字还过得去，却隐含着巨大风险。常庆想改变这种局面，可是他们在当地的价值客户行业没有根基，如果转移工作重点，这一年都不会有什么业绩。况且他已经答应那些老客户服务到底，只能维持下去。

与常庆面对的情况比起来，老张遇到的挑战只会更大。他一方面要接手离职人员留下的老客户，另一方面还要偷偷地了解其他几个销售正在跟踪的项目。公司采用缓兵之计的目标，就是要他平滑地接管成都办事处。老张开始遇到的问题和常庆一样，就是解决客户投诉。不过他很快发现，处理这些问题非常棘手，别人正等着看他的笑话呢。这样继续下去，他就会掉入售后服务的大坑中，又没有任何拿得出手的新业绩，迟早要被调回总部，还会让老板丢面子。

老张于是横下一条心，只抓那些大行业大客户大项目，将之前所有留下的"非价值客户"服务问题都移交给公司的客服体系一处理。大客户当中，他也只抓有一定基础的，有较大项目的，而不管这些客户在自己还是其他销售手中。一个季度下来，他逐渐摸清了情况。半年后，公司HR出面让那几位"老江湖"离职，然后派了几位新员工过来，老张被正式任命为办事处主任。

这一年下来，四川和安徽的销售数字、完成率变化都不是很大，但基础已大不相同。第二年，老张便大展拳脚，上半年就完成了全年数字，老板也破天荒地跑到成都去见了一些大客户。而常庆那边价值行业市场仍然没打开，各种小项目占据了大量精力。年底，老张被任命为西南大区经理，自己也成为全国的销售高手，业内又多了一个传说：老司机华丽转型销售高手；而常庆只得到一个"客户满意度大将"，销售数字依旧没什么增长，在全国排名靠后。

　　常庆向老张请教销售经验，老张答道："其实也没什么，很多事不用往自己身上揽，公司解决不了的事，你可能也解决不了。兄弟，你还是供应链的思路啊，这么严谨干吗？销售的主要工作是开疆拓土，将大项目拿下，将数字完成，至于售后的问题，美誉度如何，公司承担责任。想要面面俱到，想要每个人都说你好话，累不累啊？"

　　又一年开年，老张向销售部申请，将常庆调任成都的办事处主任。他说，要帮助常庆真正地转型。

　　老张与常庆这个故事中，常庆就属于老好人，没有掌握要事第一的原则，将有限的公司资源都放在非价值客户上了。他原本也是个小主管，平调销售部省区经理，实际上他是不能胜任这个岗位的，因为不同部门的工作思路完全不同。对于一家不算很大的公司来说，客户工作根本不可能面面俱到，应该将有限资源匹配数字最大化这个目标。

　　有人会说他们所在省的基础不同，老张手上的牌要比常庆好一些，这当然是事后诸葛亮。试想当初如果是常庆被派往四川，结局会怎样呢？大概率也会铩羽而归，还是几位老江湖继续混战。而老张去了安徽，也一定会将时间精力用在开拓价值客户上，以他的性格和技能，也不太可能去解决那些琐碎的问题。所以表面上看起来老张和常庆起步一样，实际上他们的能力存在很大差距，最后常庆投奔老张门下也是理所应当的。

这个故事还告诉我们，一个长期在老板身边工作的人，哪怕是司机，格局也要比普通员工更大一些。

销售最大的格局，就是尽可能多地完成数字，而不是做老好人。行政、售后、客服等部门都可以做老好人，唯独销售岗位不可以。

关键 15　制订一个"永远涨"的销售任务

谨慎对待销售任务

想多完成数字，多赚点钱，是每个销售的愿望。一家公司想要多赚钱，必须扩大销售额，最好每年都呈"指数级增长"。虽然能够实现的企业只是少数，但有的管理者还是希望销售体系报喜不报忧。销售总监年初上任时投其所好，将任务分解到每个团队、每个销售头上，数字就非常可观。销售都希望能多完成点数字，但那只是分子，完成率高奖金才拿得多。经济逐年增长，市场也越来越大，分母不增长是不可能的，销售们只希望分母数字增长不要太快。

大公司相对理性，会购买市场调研报告，并对市场容量、预期销售额、销售人员数量等做科学规划，给销售的压力可能比较大，但一般来说不会离谱。但有些小公司就非常激进，巴不得年年翻番，销售便疲于奔命，到年底完成数字无望，再与公司谈判削减任务就晚了，年终奖会大受影响。

因此销售在一开始领任务时就要谨慎，不同的任务对应于不同的薪资奖金包才是合理的。要理性估算完成任务的概率，谈好薪资奖金包。

另外就是"分好地盘",确保所负责的行业和大客户年度内能够产出这么多"粮食",并录入客户关系管理软件中归属自己。

一般来说,大公司的销售拿"薪资+奖金包",小公司拿"底薪+提成"。"提成"看起来合理,多劳多得,没完成任务就没奖金,实际上有很多不可控因素,是公司转移经营风险的一种方式。新入行的销售尽量选择大公司,大公司制定的销售任务比较合理,而且重视集体协助,各方面配备的资源比较多,完成任务的可能性比较大。实行提成制的公司,销售任务一般都是预估数字的两倍或以上,销售十有八九年底是拿不到什么奖金的,因为管理者制定的游戏规则和成语故事"朝三暮四"差不多。偶有销售高手拿得多了,公司还会想办法封顶,说是公司资源所致,非一己之力。但没完成数字的Sales,公司就不会兜底了。

适当超前的销售任务可以起到激励作用

先说一个例子,二十年前,有一家以服务器研发、制造、销售为主业的国内IT厂商提出了业绩倍增计划。服务器事业部总经理表示,为鼓励销售体系尽快实现突破,将当年销售任务简化为以设备数量计算,暂不考核销售额。当时提出的八年计划大概是:1999年的销售计划为1000台,2000年的销售计划为5000台,2001年1万台,2002年2万台,2003年3万台,2004年4万台,2005年5万台,然后2008年10万台,所有员工都能开车来参加年会。可在2000年,整个公司只有几位高管有车,连总裁都表示这个计划"超出自己的想象,但激奋人心",而一线员工几乎没有人相信数字能增长这么快,台下有人嘀咕:"八年后买车?那房子呢?我们住哪?"我们现在知道,虽然该公司的增长曲线并没有那么陡,但也差不了太多,顶多延迟两年,而且这八年里员工们也都买房买车了,有的还不止一套房一辆车。应该说,当年没几个人想象得到随后的经济增长如此之快,IT业能发展到现在这个程度。

另一个众所周知的案例就是华为的增长了。在人们印象中,华为"吹过的牛"几乎都实现了,而且时间点还掐得特别准,每一个领域设定的目标都是先前三,然后业界第一。

这些案例说明,最近二十年确实是我们这个国家的战略机遇期,多数公司在这二十年里都获得了很大的发展。因此,IT公司设定适当超前的任务可以调动销售人员的积极性,毕竟管理者掌握的资源更多,视野要更宽广一些,对未来的预测更加乐观。作为一线销售,任务的增长也伴随着薪资奖金的增长,只要投入和产出的比例合理即可。二十年来,无数销售人员在销售数字数十倍甚至上百倍增长的同时,也实现了个人财富数十倍上百倍的增长。

前面讲过,要成为销售高手就要选择成长性好、任务量高的行业。如果一个岗位要求的数字不高,相应的待遇一般也不会太高,更别说成为销售高手了。只有销售任务"永远涨",自己的收入才会"永远涨"。而在一家公司内,作为新销售选择加入哪个团队时,也应该勇于接受挑战,加入那些数字要求高并增长迅猛的团队。

第三部分

销售避"坑"指南

销售工作毕竟是一种商业活动,虽然销售们未必是最终决策者、法人,依然要承担相应的法律责任。销售活动也是一种"长跑",要成为顶尖销售,除了要有良好的业绩,还需要避开各种"红线",否则踩进一个"坑",就可能断送自己在该公司的前途,甚至改变整个职业生涯和人生轨迹。最近几年各行各业都展开了大规模的反腐调查,销售活动成为各大公司内部审计的重中之重,所以从业人员务必高度重视自己的行为是否合规。

关键 16　如何规避销售活动中的红线

红线,指的是不能触碰的底线。大到法律法规、公序良俗,小到公司规章制度、部门内的约定,突破任何一个后果往往都是当事人不能承受的。很多人会说,我受过十几年的教育,一直都是守法公民,亲友同事关系良好,努力做事认真养家,打份工而已,怎么可能一不留神就触碰红线呢?

其实不然,当今世界远比传统社会复杂得多。农耕时代约法三章即可,人与人之间的关系简单;现代社会为了适应科技和经济的高度发展,对人与人之间的关系提出了更高的要求,各个领域都建立了自己的红线。如果人们不加以学习,认知还停留在上一个年代,就很容易触碰到这些红线,让自己陷入困境,甚至会面临灾难。销售工作中也有很多红线,却常被"不经意"地突破,有时甚至是有意识的,但"不得已"。不得已的原因有很多,比如"没办法,大家都这么干,我不做就吃亏了;来不及了,只有这个办法;不是我错了,而是规矩错了……"不管哪种原因,一旦被追究起来,后果都是当事人自己承担。

违法离大家并不遥远,走路或开车,一不留神闯了个红灯,就是违法行为。这种违法行为要不要紧？有时候确实不要紧，有时候却很要命，同样只是疏忽，付出的代价大不相同。销售工作中也存在大量类似的情况，你可以认为是运气，然而运气落在每个人头上，可能是天堂，可能是地狱，也可能没那么夸张。该怎么办？要想不凭运气一直过得好，只有一个办法：时时刻刻提醒自己像对待每一个红绿灯一样对待这些规则。

　　有人会说：我已经很小心了，仔细地看了每一个红绿灯每一个路牌，可就是因为太关注这些标识，没注意到地面上的导向线，结果走错了车道被守候在路口的交警罚了100元扣了2分。我甚至怀疑这些导向线是故意为之，有"钓鱼执法"的嫌疑。交管部门自己画线自己蹲守在路口等着抓违章，这种高概率违法行为该怎么算，怎样避免？任何机制都不可能完美，都有它的缺陷，同样只有一个办法：吃一堑长一智，或者从别人的教训中吸取经验，时时刻刻提醒自己。销售工作中，或者说任何其他领域，同样存在类似的"坑"和"钓鱼执法"。管理者设立规矩肯定有他的依据，有他的权限，改变不了规则，就得想办法改变自己，何况你只是一个销售。公司销售管理部门定的规矩也不完全合理啊，但违反了一样要被处罚。销管就是公司内的"交警"啊，甚至有些公司销售管理部门的奖金也是从销售违规的罚金中开支的。

　　那么，销售工作中的违法红线有哪些呢？

　　如果我们做一个调查统计的话，答案中排第一位的肯定是行贿。为什么要行贿？行贿的目的毫无疑问就是让有权力的人突破规则做有利于行贿人的事。有人会说，销售工作中的行贿行为不是太常见了吗？这是市场的生态坏境问题，销售个人无法和"潜规则"对抗啊，他个这么做就会吃亏。没错，经济转型期或者监管不健全都可能出现"潜规则"泛滥。跟闯红灯一个道理，如果大多数人集体闯红灯，守规矩的人就会落在后面，而且他单独过马路有可能更危险。即便在这种环境下，仍然有大量的客户不会收受贿赂，作为销售的个体仍有选择的余地，就像人们可以选择去更守规矩的城市生活，销售可以选择到行业生态更好的细分市场和公司去工作。如果是厂商销售，也可以选择不与用户直接发生这些链接，因为中间还有经销商、集成商嘛，多数客户都有自己的长期合作伙伴。

近年来，随着经济发展，甲方人员待遇提高，市场规则也越来越规范，多数人不愿意为了短期的不当收益而将自己置于尴尬境地。早些年"潜规则"最为泛滥的医药行业也发生了根本性改变，一是因为实现了药品药械的集采，二是医生待遇提高了，他们不愿意让红包、回扣玷污自己的形象。

君子不立危墙之下，前提是他是个君子，亡命之徒可管不了这些。IT销售代表行贿CIO，比医疗行业要隐蔽得多，因为IT人员更懂得从技术上规避风险，比如说利用区块链货币行贿，在境外进行利益输送。但不管技巧如何高超，行为性质总归是违法的，只要是人为操作就有失误的可能，从而留下蛛丝马迹。有的项目中销售压力很大，主管要求该项目必须拿下，否则考评不合格或自行离职，而客户又是有个人利益需求的，销售就像风箱里的老鼠，两头为难。

不过要想每天晚上都睡得踏实，还是要避免跟客户发生类似链接，毕竟只是一个项目而已，主管未必事事正确，客户的需求也未必一定要满足。退一步想，工作岗位有很多，合法赚钱的渠道也还有许多，没必要一不小心就让自己身陷囹圄。有的销售说，做这些事也是为了公司利益啊，自己得到的好处不过是完成业绩而已，领导和周边的人都会理解的。事实上绝大多数公司都不支持这种说法，不会承认这是公司行为，销售一旦有事，所有人避之不及，都会与之切割关系。所有的劳动合同和销售管理规定都禁止贿赂客户，有的企业甚至主动审计，主动将违规员工移交公安、司法机关。

曾有一位业内资深销售与我辩论过这个问题，他是我所在行业的竞争对手，90年代的名校硕士，技术能力和销售能力都相当强，后来从厂商辞职自己创业了，当然还是在从事该行业的信息化工作。当时他听说我所在的公司正在爆发审计风暴，有几位同事已经入狱，于是关心地问了一些情况。我告诉他，我们大多数销售人员都遵守了公司约定，不涉及这些问题。他说："怎么可能？如果你们没有参与这些事，就不可能真正把握客户。"这句话让人印象深刻，不过和经营环境结合起来想想还是有一定道理。

销售要避开这些风险，又想要高收入，就得加入一些大公司。有的大公司就是不想让销售掌握客户资源，而是让客户跟着公司的品牌走，让员工顺着公司的制度跑。

我们常说，要将工作重点放在价值客户上，什么是价值客户？就是有大量长期稳定信息化需求的单位和公司。这种客户规模比较大，员工升迁机会较多。作为价值客户的政企行业CIO，其核心诉求应该是将信息化工作做好，把每一个项目运作好，以期获得事业上的发展。如果某供应商的服务是最优秀的，能够促进甲方的核心诉求，那么CIO在升迁过程中会将该供应商作为长期合作伙伴。这样的案例有很多，比如某银行一个南方省份的地市分行信息技术部主任,在当地一家业务软件开发商的配合下,信息化工作非常出彩,后来借着全国统一业务系统的契机,他先是升任省分行信息技术部负责人,后调任总行信息技术部总监,这家软件开发商也成了总行的供应商,业务范围还从软件开发拓展到系统集成等总包业务,客户群也从一个地市扩展到多省,然后到多家银行总部。

除了行贿,销售还可能受贿。情况有好几种,比如:经销商为了更低的折扣行贿厂商销售;厂商销售与客户关系好,将项目丢给某个指定的经销商,以客户名义索贿,这种情况无论销售本人是否有收益,索贿都是成立的;作为甲方的客户为了买到紧俏商品,从而向乙方的销售行贿,这种情况在IT行业极为罕见,但不意味着没有。

关于贿赂这条红线,光讲道理读者不会有什么印象,毕竟"历史的尘埃"没有落在自己身上,就不会有山一样的沉重感,大家还是在故事中体验吧(本故事纯属虚构,公司名、人名及故事情节均为虚构):

燕南翔

"以后凡是'华'字头的产品,我们一律不用。什么民族品牌啊?!统统都是垃圾。还有什么狼性文化,简直就是狗咬狗!"华兴通信驻该省代表处金融业务部部长燕南翔上任后第一次见客户,就被劈头盖脸地批了一通,"你们了解证券、基金行业的网络环境吗?你们了解金融行业的信息化历程吗?你们知道我们业务中断一天的损失有多大吗?"荣花源证券的IT总监丘夏圊诘问道。

"我们今天来拜访丘总,就是想纠正之前的错误。"华兴的马晓陆帮忙打圆场，他是具体对接证券基金业的销售代表。之前安排集成商在荣花源西洋基金公司项目上投超低价的，是燕南翔的前任，叫胡伟，已经调往海外了。

荣花源西洋基金是中方荣花源证券与外方西洋投资集团的合资公司。招标前，丘夏圊已经让手下给马晓陆打过招呼：这次项目采购的产品都是服务于交易管理系统的，华兴公司参与是可以的，价格也可以适当低一点，但不要幻想中标，更不能打乱甲方的部署，今后用于反洗钱、软件开发测试、大数据的平台可以适当考虑国产设备。

当时胡伟可不这么想，因为有数字压力。他大声呵斥马晓陆道："怎么没一点进取心？客户叫你陪标就陪标，你这销售还有存在的价值吗？老子偏不信，这中国的土地上还有我华兴公司不能中标的项目？"

"胡总，不是说不能投标，只是这次涉及基金公司的核心业务系统，风险比较大，公司也不鼓励大家参与到交易系统中去，说是'我们赔不起'。"马晓陆解释道。

"胡说八道，那是好几年前的事了，现在各行各业都提倡用国产设备，这次招标的产品我们哪一样不如进口设备啊？这也不能参与，那也不能参与，我这一年几亿的数字怎么完成？你他妈的怎么净替别人说话？你还是不是华兴的员工？"

结果胡伟安排金融行业的合作伙伴东方数通公司在荣花源西洋基金项目上投了预算的半价，因为他们测算过，只有这个价格才有希望中标。由于各厂商形成了联盟，一般集成商拿不到授权，东方数通的投标书中，网络、服务器、存储都采用了华兴通信的设备，连数据库和数据保护软件也都是国产的。

东方数通是金融行业信息化的老玩家,他们去年刚与华兴通信达成合作关系,就是为了抗衡一些国外厂商的"霸权"。当然,他们不会这么"傻兮兮"地充当"出头鸟",私下找了两家公司掩护。其中一家也想冲标,便怂恿华兴的老对手华二公司提供了超低价产品组合,比东方数通还要低。

丘夏圉原本对旗下基金公司信息技术部的做法还是认可的,利用华兴的影响力,借着"去 IOE[①]"的口号打压供应商的高价,现在看来局面有些失控。"华字头"产品的集成商来了三家,没搞懂用户应用就参加投标了,1000 多万的项目预算现在被它们投成了几百万,看起来像是给公司省了钱,但真的能实施吗?整个证券行业采用的都是 Cisco 的网络设备、IBM 的主机、Oracle(甲骨文)的数据库、EMC 的存储,国产数据库能用在生产系统吗?怎么和证券公司的交易系统对接?交易所和高层能接受吗?作为 IT 总监,丘夏圉对此再清楚不过了,这事根本就不能让高层费心,他给老部下打了个电话,直接把标给废了。

此事结束后不久,胡伟就被公司调到海外去了,接替他的是从外地调来的燕南翔。燕南翔听了马晓陆的汇报之后,决定第一要务是修复和荣花源的关系,"否则将来怎么在证券行业混啊?"

马晓陆还是有些不放心,出发前又做了很多交代,比如客户背景、语言喜好之类。结果全无用途,他们来到荣花源证券在金融中心大厦的办公室后,不知燕南翔是否出于维护公司颜面的考虑,一见面就说了一套"官话",什么华兴是民族品牌,有狼性文化支撑,服务很好之类,

---

① 去掉 IBM 小型机、Oracle 数据库、EMC 存储设备,代之以在开源软件基础上开发的系统。

全不得要领，立即被丘夏圊迎头痛批了一顿，于是出现了本文开始的那一幕。

马晓陆打过圆场之后，丘夏圊便收了收性子："抱歉啊，燕总，刚才太生气了。前面的事和你燕总没什么关系，不过在我们证券行业影响太坏了，我们证券CIO联盟下周末开会，议题之一就是要联合起来封杀这种不守规矩的供应商。"

燕南翔表示此事已经上报到总部领导，总部领导特别重视，委托自己专程前来道歉。马晓陆和燕南翔都不懂金融业务，所以话题谈来谈去总也绕不开硬件，丘夏圊觉得话不投机，只好起身带他们去看机房。荣花源证券占据了这栋大厦靠近顶楼的一整层楼面，机房就设在靠近电梯的区域。

丘夏圊介绍道："这是考虑到承重的要求，装修时物业建议的。"

机房规模还是超出了他的想象，竟然有几十个机柜。燕南翔惊讶道："这可能是我见过的最高的机房了。"

"我们新的主机房选址在保税区，这里将来作为灾备机房。"

"哦，华兴通信有整体机房的解决方案，以及UPS等，我们叫能源与基础设施产品线。我们T3、T4级别的机房建过很多，不少运营商的机房都是我们建的。"燕南翔时刻不忘推销产品。

"这个倒可以考虑一下，马晓陆可以先拿些材料过来看看"丘夏圊道。

"丘总方便的话，去我们总部参观实体机房如何？"燕南翔是标准的华兴销售，始终不忘"三板斧"：公司参观、技术交流、高层拜访，而公司参观往往可以将三项内容整合在一起，毕其功于一役。在华兴的历史上，公司参观结束就回去签合同的案例比比皆是。

"哦，我们出差是要总裁批准的，去深圳参观倒是不着急，马晓陆可以在我们下周的CIO联盟会议上安排工程师做一个15分钟的报告。"

"那太感谢丘总了。我们可以赞助这次会议啊。"

"不过赞助的事已经太晚了。现在我们金融行业也要响应'八项规定'，我们联盟是有足够活动经费的，一般不直接接受赞助。如果确实有企业要赞助，只能通过我们签约的会务公司以商业运作的方式来进行，比如展位费用啊，主题发言什么的，他们都有明码标价。这次的15分钟演讲是赠送的，联盟送给你们的。我们荣花源今年是轮值主办方，也是副理事长单位。"

"那么太感谢丘总了，不过我还有一个不成熟的想法，不知道合不合适。"

"燕总请讲。"

"能否在今年内请你们的会务公司再安排一次活动，请联盟的所有CIO去华兴总部参观。活动可以安排得轻松一点，也可以顺便去港澳走走，我们公司去香港有直通车，搭船去澳门也很方便。"

"哦，倒是可以在下周的会上和大家讨论一下。"

CIO联盟信息技术研讨会进行到最末，丘夏圉作为主持人和联盟主席，宣布了一个新的活动计划，就是集体参观华兴通信，请大家表决。其实，他已在会前和各家证券公司CIO单独沟通过了，大家怎么会不同意呢，征求活动方案而已。只深圳一地呢，还是顺带港澳？结果几位大券商CIO都想去澳门。于是活动方案确定为深圳加澳门，住三晚，深圳参观一天，其余时间在澳门游玩，这个决定集体鼓掌通过。

华兴通信的全球总部确实很震撼人心，丘夏圊感觉像是来到了旧金山，和以往参观过的那些国际化大公司比起来一点儿也不逊色。整体机房、集装箱机房以及华兴自用的机房都很不错，另外，UPS、网络设备、服务器、存储、云平台、视频会议系统等也给他们留下了深刻的印象。不过参观的高潮还是出现在终端展厅，华兴通信一款即将首发的新品引起了大家的注意，据说这款手机的售价已接近苹果产品。在会议室，华兴通信一位高级副总裁接见了他们，并亲自讲解了华兴公司自身的信息化历程。

第二天众人睡到自然醒，餐后退房就到中午了，然后将客人送至蛇口码头。入住澳门威尼斯人酒店已是下午三点，许多人迫不及待地放下行李下楼玩去了。多数人都不是第一次来澳门，所以与在深圳的统一行动不同，大家在澳门是完全自由的，几乎没有形成超过三人的小团队。

丰富的生活会让时光变慢，待到周日中午退房时，众人聚在大堂竟有久别重逢的亲切感，从酒店到机场都在兴奋地交流战果。

返回代表处后，马晓陆根据大家留的通讯住址，每人寄了一台华兴通信最新款的手机，就是他们在展厅围观的那一款。

此行后，丘夏圊给联盟定下了一些新"规矩"，实际上是福利，比如技术研讨会改为每两个月一次，除了研讨证券信息化方案，还成立了足球队、桥牌队、白酒协会、红酒品鉴会等。

两个月后，荣花源证券新机房招标，华兴通信如愿以偿地拿到了这个项目。机房基础设施不比网络和计算、存储设备引人关注，但金额并不少。这年有好几家证券公司新建机房，用的都是华兴通信整体机房。

作为华兴通信在金融行业的合作伙伴，东方数通并不擅长弱电智能化项目，他们主要从事网络和数据相关的信息系统集成，看到华兴拿到项目后跟自己没关系，急得直跳脚。

不过机会很快就来了。第二年开春，荣花源证券的大数据项目就要上马了。由于斯诺登事件，国产化风潮从安全领域刮到公共事业，再到国企，一阵一阵地展开，终于进展到了金融行业，许多国有大银行已经开始在关键业务上考虑部分国产设备了。丘夏圊决定领风气之先，由荣花源证券牵头，CIO联盟参与的大数据基础软件及硬件平台测试工作开始了。国产品牌在测试中都获得了不错的成绩，ETL压力测试，TPC-DS 100T测试等各项指标反而比一线国际品牌更具优势。业内人都知道，单独测功能、性能国产品牌都没问题，难点在于跑实际业务。丘夏圊明白，大数据也不算核心业务，没有实时性要求，得出的结论无非用于绩效分析和精准营销，基本功能和性能达到即可，集群运行时间长点或短点都不是什么大事。只要将它们放在同一个跑道上，国产品牌一定可以凭借性价比获胜，所以招标书发出后大家就猜到结果了。

东方数通中标后，准备按照常规流程下单。这时马晓陆告知已向公司申请特价，除了15%的毛利之外，另有10%用于项目"其他技术服务"，需要东方数通支付给一家小公司，这家小公司将出具"技术服务费"发票。东方数通的项目负责人一脸疑惑，他与外企打交道十多年，这种操作见怪不怪，只不过跟华兴通信合作两年来还是头一回遇到这种情况。不过厂商授予的项目还有15%的毛利就偷着乐吧，他什么也不想问，下单再说。

不过，人总归有好奇心，项目验收时他试探马晓陆："那荣花源项目多出的10%是做什么服务啊？这活不都让我们工程师干完了吗？"马晓陆摇了摇头，道："别管，问了也是不清楚。丘总安排的，反正燕总怎么说我就怎么做。"东方数通于是不再过问，收款后麻利地将费用办完了。

这一年，华兴通信在证券、基金行业进展迅速。丘夏圊又给了马晓陆一个云桌面项目，并且把荣花源基金的所有新增的网络、安全设备都改成了华兴的。在他的推荐下，联盟内许多兄弟单位都采购了华兴的设备，除了一体化机房、大数据、云平台、网络、安全产品之外，还有视频会议、协同办公、终端等，几乎覆盖华兴通信的所有产品线。甚至有一家基金公司的恒生交易系统将小型机直接换成了华兴的多路 X86 服务器，这标志着国产设备在该领域获得了革命性突破，此项目被华兴当作成功案例广为宣传。东方数通华兴业务部也成为该公司成长最快的部门，作为集成商，他们拿到了华兴在该省证券业近半份额，约 5000 万，一个相当可观的数字。

年终，燕南翔和马晓陆成为代表处的优秀员工，考核都是 A。丘夏圊同样有收获，由于大胆地引入国产设备并保持业务正常运转，被业界称为"金融行业信息技术国产化的急先锋"，常被邀请到各种论坛发表演讲。不过在外人看来，他们的收获不限于此，马晓陆和燕南翔在代表处后面的小区里买了房子，而丘夏圊则把家搬进了豪华社区，"好事者"将他们这一年的成就总结为"三套房子"。

荣花源与华兴通信的合作关系活跃了三四年，相关传言一直有，但没掀起什么风浪来。作为国有企业，纪委也从未对丘夏圊展开过调查。不过万万没想到，偏偏是作为民营科技企业龙头的华兴通信展开了内部审计风暴。

刚开始华兴通信只是鼓励员工自查自纠，自主申报违法所得。从违规报销到通过经销商申请特价获取不当利益，只要主动交代一律从轻处罚，能在公司内处理完的绝不移交司法机关。半年后期限截止，公司安排审计组进驻代表处展开为期三个月的现场审计活动。

审计组一方面约谈员工接受员工举报，另一方面也做合作伙伴的工作，鼓励他们举报华兴的员工，很快获得了大量线索。有人举报燕南翔、马晓陆在证券基金行业项目中不当获利。如果属实的话这叫"职务侵占"。审计人员为了取得第一手证据，立即赶到东方数通公司要求配合调查。东方数通在集成商当中算大公司，如果事情属实将蒙受巨大的声誉损失，上市计划也将泡汤，因此选择了拖延和逃避的办法来对付华兴派来的审计人员。可是华兴通信的审计部门非常坚决，他们通过法务合规部发送协助函，声明如果配合调查，既往不咎并保持良好合作关系，如不配合，东方数通将自行承担一切后果。

东方数通只好按要求提供了他们与用户的合同，以及下单合同。当中的差价很大，利润却一般，华兴通信审计部要求他们指出当中的利益走向。东方数通认为华兴通信已经越界，开始审计起别家公司来，便以商业运作的保密要求为由拒绝。

审计部门一时找不到好办法，便求助于公司渠道部。渠道部通过其他省市代表处协查，只发现一台防火墙是东方数通以某证券公司名义下的单，"窜货"到外省，违反了区域销售约定。于是华兴公司对东方数通做出了罚款50万的决定，从年终达量返点中扣除。

审计部派出的小组在当地已驻扎两个月，超过了计划时长，于是他们定好机票退了酒店房间准备返回总部。在打车前往机场的途中，他们突然收到一条匿名举报信息，说是有家小公司与他们正在查的"案子"有关，他们立即让司机掉头开往这个地址。

他们说明来意后，这家小公司现场仅有的两名女员工吓坏了，立即打电话向老板汇报，老板说会立刻回来处理此事。结果他们一直等到天黑也没等来，对方手机关机，无奈之下他们只好再次向法务部求助。第二天，他们等来了最有力的"协助"，当地派出所接到深圳警方的协助请求，直接"兵分两路"，一路去这家公司查封电脑、合同和财务报表等材料，一路前往对方家中"提人"。这一天的审计活动在派出所进行，效率非常高，不到半个小时，这小老板便把问题基本交代清楚了。他们是一家做UPS实施服务的小公司。华兴通信的工程师在设计方案时犯了个错误，把5～10分钟的备用时间写成了30分钟以上，结果导致要配备大量的电池。项目金额不大，但施工难度不小，大公司不愿意做，于是马晓陆把单子抛给了他，项目结束后，也按"惯例"支付了5%的技术服务费到另外一家叫"伍个点数码"的小公司，但与这家公司从未谋面，只通过邮件和快递联系，比如签合同、开票、打款……

这时深圳警方的人也到了，大家一起赶到了"伍个点"公司，发现只是一间极小的商住两用公寓，早已人去楼空。经过税务局协查，发现这家公司三年来开票金额竟然达到了800多万，开票对象涉及包括东方数通在内的多家系统集成商。"伍个点"的法人代表和联系人都是贵州山区的一个农民，他连贵州都没离开过；财务是个云南人，也从未离开过云南。他们的共同之处只是丢失过一张身份证未挂失而已。显然有人冒用他们的身份注册了公司，联系电话也已停机。于是警方一边将马晓陆和燕南翔带到了深圳的看守所，一边联系运营商要求提供与这个号码相关的通信记录。

警方约谈了东方数通等多家经销商，证词都指向马晓陆和燕南翔。马晓陆坚称自己也不知情，"伍个点"的联系方式是燕南翔给的，以为是用户安排的，就没多问，随手就把信息转给经销商了。

燕南翔则说自己被"诈骗"了，他讲了一个很离奇的故事：有个挺有气质的女人找上门来，暗示自己是丘夏圊的情人，还自称是CIO联盟台面下的负责人，让他安排经销商配合操作，将差价部分导入到"伍个点"公司。另外这女人还说"伍个点"能把联盟内每个人的利益都安排得很好，丘夏圊的威望正是来源于此，同样他们也会帮燕南翔处理好，但被他拒绝了。警方当然不相信，因为这个女人来无影去无踪，没有任何联系方式，甚至没有名字。于是警方找到丘夏圊对质，丘夏圊说根本没有这么个女人啊，应该是燕南翔"被骗了"。

由于传言很盛，荣花源证券内部对丘夏圊进行了审计，丘夏圊也配合了，没有发现可疑线索。警方同时也调查了燕南翔和马晓陆的所有账户，竟然也没有发现异常。调查还发现，"伍个点"公司账上的资金分别转到好几个同样是虚假身份的私人账户，再往后都是取现，追查难度极大。

运营商提供的通信水单出来了，结果非常诡异，似乎"支持"了马晓陆和燕南翔的说法。这个号码除了和各集成商联系之外，并没有任何与厂商或用户方通话的痕迹。所有线索都中断了，但警方认为事情总归与他们三个人相关。至于丘夏圊，华兴方面表示他毕竟是华兴公司的客户，既然没有任何人证、物证，最好不要追查下去，以免在市场上造成不良影响。燕南翔嫌疑最大，他所谓"被欺诈"的说法，连同事们都不信，一位销售高手，怎么可能犯这么低级的错误呢？不过同事们最关心的不是这个，而是这件事的举报人是谁。大家想了一圈，觉得谁都不像，然而又都有可能，甚至有人怀疑是燕南翔的前任胡伟。

马晓陆被羁押三个月后释放了，由于他通知经销商转移利润的行为明显违反了公司规定，属于明知故犯，所以被公司开除了。而燕南翔则持续羁押了一年之久，最后双方协商，燕南翔认下100多万的"职务侵占"，除退回公司款项外，判了两年刑期。

另一种红线是"造假"，造假行为有很多种，比如编造销售数据，伪造公章，伪造授权函，伪造其他公文。同样都是触碰红线，有的只违反内部管理规定，有的造假却涉嫌违法。如果出现上述行为，一般会被公司辞退，严重的移交司法机关。

正常情况下销售人员不会伪造公章，这么做肯定有不得已之处。

举个真实的例子：某500强厂商要求下单前必须拿到客户盖章的配置确认函，甚至要求投标前申请价格时就要拿到客户确认函。这样的规定从管理角度来说有它的合理性，避免窜单、配置造假等不诚信行为。但执行起来确有诸多困难。有的客户盖章流程很长，或者此类文件按内部规定不属于可盖印章的范围；有的客户为了避免风险，干脆就不同意盖章。销售们反馈信息后，商务部门并未取消该规定，为了降低销售人员的工作难度，补充规定客户的部门章也可以，或者其他专用印章，只要能证明内容真实即可。即便如此，还是有很多印章可望而不可得。于是有一位销售铤而走险，私刻数十枚客户印章，目的只是为了尽快完成流程。这样的行为似乎也是为了工作，却完全不能为公司所容忍。于是这名员工被开除并移交司法机关，结果获刑数月。

有的公司会让销售体系通过内部渠道给职能部门提合理化建议，以改进流程，但销售认为方便合理的事，在管理上往往有很大难度和漏洞。在多数大公司，销售体系与职能部门都存在博弈现象，但制定规矩的总归是职能部门，吃亏的都是一线销售。如果销售触碰到红线，主管也要连带承担监管责任，因此主管只会躲避，无法护短。

销售未经公司授权擅自报价也是一条红线。销售在一线打拼，多少会有点迷信"将在外，君命有所不受"的个人英雄主义思想，想要临时决断权；然而公司大了，为了规范化管理，这种授权一般给不到一线。因此常出现这种情况：公司处分伴随着项目中标的喜报同时到来，此时销售代表会感受到些许岳飞式的悲凉。怎么办？难道再来一曲《满江红》吗？

关键 17　处理"压货"有方法

压货,是一个很复杂的问题,它指的是厂商在项目还没有落定的情况下安排经销商预先购入设备。从厂商角度看是提前完成了销售任务,但设备没有投入实际使用,存在资金占用、库存积压、维保期计算、设备老化等诸多风险。压货有正反两方面的作用,不同行业、不同产品领域以及不同销售人群目的也各有不同。

有的压货是为了促进渠道销售。例如家电行业,厂商以低价诱惑渠道,或者以经销权逼迫渠道适当压货,分销商在资金上承受了压力,拿到货后会更努力地推销产品,如果按时按量完成任务,皆大欢喜。一般来说,厂商在要求分销商压货的同时,也会给予区域划分、独家型号和价格方面的保护,这种模式适合于通用型产品的分销市场。在 IT 领域,典型配置的 PC、服务器,中低端的存储设备、交换机、路由器、视频会议系统等适合压货,主要销售给大众消费者或中小型企业,中小客户也就是行业销售口中常说的 SMB。这些客户由经销商自行服务即可,厂商对维保期的时延操作比较灵活。但较大的行业项目不适合压货,因为方案和配置比较复杂,维保期必须从验收之日起算。如果给大客户也供应压货产品,就会出很多问题。

行业项目压货的风险相当大，有可能会遇到很多问题，如需求变更、型号变更、配置变更、维保期缩短等。最严重的情况是项目不中标，如果项目丢了，压货的产品就只能想办法卖给其他客户。厂商是极少接受退货的，因为这可能会诱发财务数据造假风暴，对企业造成巨大冲击。知情的大客户也不会接受这些压货产品，所以销售们只能隐瞒，往往维保期结束后才被客户发现。有的厂商连软件也压货，但营业执照上的客户名称无法造假，在网上就能查到。配置和型号变更带来的麻烦更大，有的产品批次不同，兼容性也有问题，研发内部的小版本差异未必会告知市场一线。

压货一般都是集体行为，单个销售人员操作难度很大。经销商会要求厂商的区域主管做出承诺，出问题时才有可能在当地消化掉这些产品。早年压货的情况主要出现在外企，因为中国区市场相对独立，不方便监管审计。他们通常选择在 Q4（第四季度）压货以造成完成任务的假象。有时压货是整个大区，甚至中国区的集体行为。大部分厂商高层对项目型压货行为都是深恶痛绝的，会做出严肃处理，销售代表作为直接操作者，一般会被辞退或引咎辞职。我们常看到外企对一个区域的所有销售，甚至整个中国区的销售体系进行"清洗"，很有可能是压货造成的。

最近十年来，随着国产品牌的崛起，项目压货这个"毒瘤"也蔓延到了国内厂商的销售体系。有的国产厂商销售主管相当年轻，他们大学一毕业就在这家公司工作，算不上职业经理人，不像外企主管在政企市场浸淫了十几年，所以压货出了问题完全无法应对，很容易导致整个团队"雪崩"。

项目压货往往是压垮骆驼的最后一根稻草，对销售来说无疑一场噩梦。有些销售所谓的"另谋高就"，并非在寻找更好的发展空间，而是因为违规操作，手上的事情一团乱麻，剪不断理还乱，实在没有办法继续了。作为销售，一定要避免陷入压货的麻烦中，这会让自己在公司"生不如死"，成为职业生涯的黑点。

一般来说，从小做事比较有条理，在学生时代成绩比较优秀的销售避开这些坑的概率更高。因为他接受过类似的训练，做题就是一种训练，特别是难题；而从小马大哈，学习成绩一塌糊涂的同学，长大后陷入这些坑中的可能性非常之大。

压 货

某市开建当地的第一高楼，引起了许多IT公司的注意。

岳东临就职于某大型IT企业，负责楼宇智能化行业，本市第一高楼自然成了他的工作重点。

他估算了一下：建设单位的信息化，加上大楼的安防监控系统、信息网络系统，就是千万级的项目，如果能建设以楼宇为中心的集中式数据存储系统，还有入驻酒店、商户的信息化……百亿级的项目，拿出1亿来搞信息化，不算过分吧？看来成为销售高手有戏了，想到这里，他忍不住要笑出声来。

"喂，岳总，醒醒吧。"售前提醒他道，"前面两项是刚需，让我做方案没意见，这信息网络系统，运营商也会参与吧？有些写字楼租户必须用大楼的网络，有些可是跟运营商签约，建设主体是谁还不得而知，我们只是设备供应商而已，左右不了的事情太多。至于后面的数据存储、酒店、商户信息化，就别异想天开了，每家业主都有自己的系统，怎么可能集中采购呢？"

梦还没做醒就被干扰了，"岳总"这两个字也充满了讽刺意味，岳东临非常不满,他反击道:"像你这样的人,在古代就活该被杀头,战役还没开打呢,就在唱衰自己。不管大楼的网络谁掏钱,总归要建啊,运营商建设难道不要买设备啊?运营商采购的话,我们的优势不更明显了吗?大楼集中式数据存储同样事在人为啊,现在到处都在搞云存储,谁说写字楼不能搞自己的数据中心,做得好的话,租户为什么不用?"

"运营商采购算你的数字吗?你见过哪个租户把数据存在物业公司的?哪个物业公司有云存储管理能力?"售前的话一剑封喉。

"算不算数字可以跨部门先谈嘛。说这么丧气的话干吗?!"

"不管谁采购,前期也只是弱电智能化施工,设备还得两三年后上线呢!"售前毫不示弱。

……

见他俩吵得不可开交,办事处贾总发话了:"暂停争议,事情还是要朝前看,不能因为有风险就不去努力。售前还是要把整体方案做好,至于客户采纳多少,那是另外一回事。"

岳东临见贾总帮自己说话,就不吭声了。只有售前觉得命苦,要做这么多方案,还不知道能不能用上。

几个月后,项目有了一定进展,贾总把岳东临单独叫到了办公室:"上次我们一起去见过客户后,情况没什么变化吧?"

岳东临:"没有啊,打算再约个双方高层会晤。"

贾总:"高层会晤也可以安排,到时候我来找相关领导,不能搞得尽人皆知。找你来是想商量个事,这个项目按现在的进度走下去,明年也不一定能招标,但我们办事处今年缺数啊。"

岳东临明白了,领导要安排这个项目压货。前几天他就听到同事们议论纷纷,说今年离公司要求的销售目标还有不少差距,要完成数字只能靠压货了，领导已经开始和销售们一个一个谈了。压货，不只是对办事处完成数字有帮助，对个人也有好处啊，谁不想完成率高一些呢？可是他还是有很多顾虑：

"方案都没定啊，配置怎么做？到时候客户要的不是这些产品怎么办？低端网络设备压货问题不大，万一有什么情况，我是说万一，这些货也能分销出去。但高端产品压货怎么办？提前这么长时间下单，就算最终配置对得上，维保期也不对啊！换客户的话更麻烦，什么都对不上。至于存储，还有其他产品更不用说了，到时候连型号、磁盘类型都不同了。"

"东临，我觉得项目问题不大，上次客户都明确表态了，拿下项目是迟早的事。至于配置，到招投标的时候多做些引导工作，让他们顺着我们的思路来，模块、软件什么的可以先不下单，把机箱啊，通用的配件先下了。"

和售前同事一起做配置时，岳东临看着网页上跳出来的报价，心里一直在打鼓，万一不中标怎么办？万一客户负责人被换了咋办？这时候他才觉得之前售前同事的质疑是合理的。可是，现在能拒绝下单吗？办事处缺数字，自己也缺啊，考核已经连续好几年拿B+和B了，有了这张单子今年的考核就是A，没有就不可能高过B，甚至为C。熬不过今年，又何谈来年？他只寄希望于客户能早日招标，以便卸下这沉重的心理包袱。

配置确定了，一共2000万，找哪个经销商下单呢？最有可能中标的那家智能化公司是上市公司，当然不可能提前下单，更别说付款了。公司有规定，没有付款和验收的订单不算业绩，所以岳东临只能找家熟悉的小公司帮忙，然后来年再转售给中标的公司。但小公司没有2000

万，只能敲个章，资金占用只能找总代理帮忙。一个月一个点的利息，他们还不愿意干吗？于是，伪造了一系列材料之后，终于下单了。

在年底的办事处表彰大会上，贾总宣布第一高楼项目获得公司级优秀案例奖，项目组获得额外的 10 万元奖励，岳东临年度考核为 A，评为办事处优秀员工。台下只有不多的几位员工知道，这个项目根本还没有开始就被他们"拿下了"。

第二年，岳东临最担心的事情发生了，客户发生人事变动。新的 IT 总监摒弃了前任事先选好的意向供应商的模式，改为准入＋招标模式，对各供应商采取一套统一的评分标准，如品牌知名度、案例、方案等各占一定比例，由各公司部门主管不记名打分，由行政部门汇总数据后直接宣布入围品牌名单，然后在两周内招标供应商。客户之前采购幕墙玻璃、中央空调、空气过滤系统等就是这种办法，IT 部门只不过向其他部门看齐而已。

作为第一高楼，选择的产品基本上都是业内前三，无论是客户的 IT 部门还是岳东临都认为入围毫无问题，重点应该放在投标上。岳东临于是和售前、集成商都忙着提前准备标书，毕竟是几千万的项目，两周的时间根本不够。他非常紧张，毕竟三选一，成功概率大大降低，万一不中标就惨了。他和贾总商议好了，为了确保中标，这次要投个超低价，而且一定是震撼业界的低价。客户似乎也很配合，早早地将招标要求透露给了他们。

结果，入围名单没有他们！岳东临惊呆了。原来，前任 IT 总监离职原因就是与各部门不和，他之前为了帮助岳东临而采用的"强行测试""提前中标""提前验收"等行为已经严重得罪了其他部门。岳东临竟然对此一无所知，他们前期所有精力都放在 IT 部门及高层上，根本没和其他部门打过交道。他也明白了，继任的IT总监早就想把他们赶出去了，还特意释放了"烟幕弹"，玩了一招"借刀杀人"。

项目丢了，岳东临感到手脚冰凉，几天说不出话来。当然，事情远没有结束，他们担心的一切，没能说出的顾虑，全部一一变成现实。

岳东临没有办法在自己的客户中消化掉2000万的压货库存，只好去找贾总。没想贾总已自顾不暇，因为他安排压货的不止岳东临这一单，其他销售那边也有压货后丢单的情况。未到年底，贾总便引咎辞职了。

第一高楼丢单的信息传到了公司总部，岳东临被记大过处分，考评为C。虽然没有被开除，但岳东临清楚，这是公司要他把压在总代理处的2000万货物处理完。

接下来的一年，岳东临几乎所有的时间都用在这件事上。他几乎每天都在求同事、经销商们消化他的库存，每当办事处有新的单子中标，大家就知道，岳东临要请负责该项目的销售和售前吃饭了。

他苦苦支撑了一年，库存还有好几百万，都是其他项目用不上的产品和模块，最后还是不得已离开了这家公司，追随贾总而去。

关键 18　女销售如何善用优势，回避劣势

在销售二字前面加上"女"字，并不意味着歧视，而是现实的政企行业销售活动中，女性虽然占有一席之地，但仍然跟大多数领域一样，还是男性占据了主体地位，女销售在很多场合中会遭遇到一些非典型问题。女性在许多团队中都表现得非常优秀，女性成为销售高手的概率也高于男性，然而这并不代表销售活动中的女性处境非常优越，恰恰相反，女销售往往会比其他职场女性遇到更多的"坑"。

女性初涉销售活动，刚开始可能遇到的不是"坑"，而是便利，比如初见客户的性别优势。客户中的 IT 从业人员也多数是男性，不管大家愿不愿意承认，在陌生拜访中，女销售约见客户成功概率要高很多，一是因为女性的语言能力、沟通能力普遍要比男性强一些；二是客户不太好拒绝女性，毕竟只是花十几分钟见一面而已。

不过，第一印象的优势并不能延续太久，后续该做的工作一点儿也少不了，技术交流、需求调研、解决方案、商务谈判，客户不会因为销售是位女性就忽略这些环节。

多数项目周期长达数月甚至数年，销售活动中乙方会选择合适时机请甲方吃饭、喝咖啡、喝酒，以私交促进双方关系，毕竟机构之间的商

业活动，还需要人来执行和决策，项目负责人对供应商销售代表的印象非常重要。手握项目大权的 CIO 是否由此而谋取个人利益，除了制度监管之外，完全取决于个人修养。对于销售来说，所面对的客户个人修养如何全凭概率。CIO 的个人需求，既可以是经济利益，也可能是情色需求。鉴于绝大多数甲方人员都是男性，女销售在与客户接触过程中有一定概率会遭到性骚扰。概率的意思就是，只要样本足够大，就一定会发生这样的事。

什么情况下女销售容易遭受骚扰呢？

一是酒桌上。和聚会不同，请客户吃饭，当然是人越少越好，谈事情最好是两个人谈，别人才会说"人话"。不过这"人话"转变成了私密话语，对女销售来说就不太妙，所以要懂得保持距离。跟客户个人关系好固然可以促进项目和生意，但没必要把自己搭进去，可以叫上自己的售前搭档一起请客户吃饭，尽量不给对方错误的信息。幸好当下风气已有所改观，CIO 也会注意这个问题，如果跟乙方的女销售吃饭、交流的话，一般会叫上一位部门下属，于公于私都有好处。

二是与客户单独乘车时。车辆空间狭窄，有时两个异性单独相处，气氛就会变得很微妙。作为女销售，也尽量避免单独与客户乘车，同样可以叫上一位同事，一起送送客户。

三是陪同客户出差。遇到大项目周期长，免不了要陪同客户参加外地的行业会议、公司参观、考察样板点之类，单独相处的机会很多。还是同样的原则，保持恰当的距离，让人觉得这位女销售优雅而可信赖。

人与人之间的距离感非常重要，并不是越亲近越合适，"距离产生美"总是适用的。何况对方是客户，公司出售的是产品、方案和服务，把该做的做好就行,至于客户的个人想法,不可能都迁就。记住,员工代表着公司,销售被人欺负,也等于自己的公司被人欺负,基于这点也得做到不卑不亢。

同理,女销售在公司内部沟通上也有优势,与同事交流也存在同样的问题。总之,女性在职场中遇到的问题与其他场合并无本质区别,选择一个好的城市、行业、公司、客户群,一个尊重女性的环境相当重要。如果无法改变环境,就独善其身。

以下故事是一个反面案例,因为正面的说教一般都不容易被接受,群众津津乐道的往往都是负面典型,不如将负面典型拿来做教案(本故事纯属虚构,人名、公司名、NHINC2012会议等均为虚构,切勿对号入座):

花明柳暗

吴桐杉是上海申西科技医疗卫生事业部的一名销售,2011年,公司安排她负责共济医院的项目。

共济医院的信息科主任卫燕北是通过人才引进来到上海的,他原来的单位在内蒙古。业内很少有人知道,他是由申西科技公司的赵总推荐到共济医院的。这是一家IT上市公司,卫燕北在内蒙古时,和申西科技合作多年。赵总可是一个有权势的人物,他和申西所在区的区领导关系非同一般。申西科技的销售代表多为女将,当年在内蒙古和卫燕北打交道的是一位吉林籍女销售姜延。他来到上海之后,总部安排吴桐杉与其对接。

2012年5月,国家医疗信息网络大会(NHINC2012)在长沙举办,卫燕北作为共济医院的信息科主任在其中的一个分论坛上演讲,这是他到上海工作之后的第一次公开亮相,他演讲的主题是"HIS 数据库安全审计的应用与实践"。HIS 是"医院信息管理系统"的简称,数据库安全审计有很多用途,防止各种信息的泄露,但其中最引人关注的是防止非法"统方"。什么叫"统方"呢?就是对处方进行统计,合法的"统方"可以帮助医院了解药品的使用情况,而非法的"统方"会将信息泄露给医药代表,从而方便他们以此为据给医生们"回扣"。从卫生主管部门及医院自身管理的角度看,"防统方"非常必要。因此,信息科往往成为"统方"和"防统方"拉锯战的焦点阵地。

卫燕北在内蒙古时就对信息安全非常重视,他来到共济医院实施的第一个项目便是"防统方",也是高院长亲自交代要做好的项目。当然,作为专业的IT人员,他还是给项目起了个专业的名字:数据库安全审计,否则,各科室的医生便会认为是针对他们搞出来的东西。项目实施完毕后,医药数据统计的大权就全部收归各级领导和信息科了,他也因此莫名其妙地得罪了一些人。

长沙之行便是这家"防统方"的软件厂商全程安排的。他们信息科一共来了三人,注册费、来回机票、酒店住宿、餐饮、用车全包也就2万,花不了多少钱,卫燕北PPT里厂商的内容占了1/4,没有比这更合算的广告了。子论坛结束后,他在长沙的事情就结束了。但科里还有一个小伙子董潇和一个小姑娘王晶晶需要听讲座攒学分,按计划等他们学习结束后一起回上海,还有两个整天的时间可以见见圈内的老朋友。可是许多信息科主任都被供应商请到凤凰古城或张家界玩去了,他没兴趣跑那么远,还是喜欢在酒店里待着。

在酒店大堂,他碰巧遇见申西科技的姜延,可以算是他乡遇故知,姜延说三缺一,抓住他去房间打牌。

十年前，他刚从设备科调入信息科，领导让他从机房布线的工作开始做起，那时起就认识了姜延。碰巧姜延也刚转行，从医药代表转型弱电智能化销售，也是从小单子做起。其实卫燕北算"监工"，真正干活的是申西科技的工程师，在机房里百无聊赖的他只能和同样百无聊赖的姜延聊天，类似的境遇让这两个年轻人话题相当投机，他们很快熟识起来。熟悉到什么程度呢？如果他俩不是分别已有未婚夫、未婚妻的话，就会好好考虑一下对方了。姜延如今年纪也不小了，担任申西科技北区销售总监，分管华北、东北区域的销售工作。

进房间后，卫燕北发现除了姜延手下的一个女销售袁媛，还有一个竟然是吴桐杉，便好奇地问："你不是东区的吗？怎么也在姜总这边混？"

吴桐杉便道："其实我也算是东北人啊，我爸是黑龙江的，我妈是知青，他们现在还生活在东北呢，我是上中学时才把户口迁回上海我外公外婆家。"

"你一个'85后'怎么也是知青子女？"卫燕北惊讶道，"我知道我的同学里有很多知青子女，他们比你大了10岁不止吧？"

"哈哈哈，卫主任真会哄女孩子开心，我要是'85后'，做梦都会笑了。我1981年的，今年都32岁了，我家宝宝5岁，准备明年上小学了。"吴桐杉是个快言快语的女子。

"咋看起来这么嫩呢？我真以为你大学毕业没几年，还是未婚少女呢。"

"巧了，我的网名就叫'已婚少女'，打算改成'少女妈妈'，呵呵。"

姜延也说道："桐杉天生丽质，既有东北人的身材，又有江南女子的好皮肤。怕是到40岁还有少女感啊。"

打牌打到昏天黑地，本来说好要下楼吃自助的，可总有人说打完下一把就去，一把复一把，结果没吃成。女人的房间里，总归有点零食的，于是他们把所有点心和饮料都消灭光，只能喝过滤水了。零点过后，他们饿得不行，终于去火宫殿吃夜宵了。

夜宵过后，他们越发清醒了，四个人牌瘾都很大，于是继续战斗。到午夜三点，中央空调似乎没有来得及及时调整温度，而落地窗是完全封闭的，所以房间里有些闷热。姜延便把开衫脱了扔在沙发上，身上是一件运动背心，露出了她强健的肌肉，但皮肤略带暗色。卫燕北当年在内蒙古常和她去地摊上吃烤串喝啤酒，对她的豪爽作风见怪不怪。紧接着，吴桐杉也把她的套装上衣脱了，里面是一件吊带背心，和姜延的肌肉感完全不同，她肤如凝脂，在灯光下反射出耀眼的光芒。非礼勿视啊，房间里只有他穿着整齐，身上汗涔涔的，便动了要走的心思。

天热最消耗体力。到四点时，他终于熬不住了，提出要回房休息。三位女子哪里肯让他走，总有输了钱想回本的，吴桐杉提醒道："这时回去不影响董潇睡觉吗？人家一早还要开会学习呢？我们几个什么时候睡觉不行啊。你要是困了，等下就去姜姐床上趴一会儿呗。"

卫燕北解释道："出了一身汗，想回去洗洗再睡嘛。"

姜延道："这里也可以洗澡啊，客卫有淋浴。我也累了，要不歇歇吧。我睡沙发，卫主任睡我那床，桐杉和袁媛挤挤吧。"

多年前，卫燕北和姜延一起参加户外活动时，徒步走几十里山路，在野外露营都是横七竖八地躺着睡，哪有这么多讲究？不过把五星级酒店住出难民营的感觉来，也只有她们几个能做到。这里毕竟是城市，是酒店啊，卫燕北哪里肯，他坚持自己睡客厅沙发，让女士在里间休息。

显然这样安排更加合理，三位女子便不坚持优待客户了，各自草草地洗漱睡了。

不一会儿，卫燕北被窗外的光唤醒，原来忘了关窗帘，他便去拉了帘子。里间传来了呼噜声，谁在打呼噜？姜延吧？三个女人当中，她年龄最大。姜延是故知，袁媛算打酱油的，今后在上海经常打交道的还是吴桐杉，卫燕北本来对她没什么印象，直到昨天打了一夜的牌……

再次醒来已是十一点，酒店的早餐结束了，他们正好赶上了周末的午市自助。姜延喝了几杯果汁便吃不下东西，大叫累，说是年龄上来了，不能连续作战，下午去橘子洲头转转，活动活动身体养养眼吧。他完全同意姜延的安排，主要是因为懒。有时候他会想，如果当初结合的是他们俩，也许同样会幸福。实际上，性格好的人跟谁结婚都差不多。他在家不做主，可是妻子也同样不做主，有些事情便一直耽搁下来，比如再买一套房子这事始终没有提上日程来。

卫燕北此时不像客户，倒像是陪同人员。他把此行的赞助商扔在一边，跟那家公司的小伙子说自己有别的事，不用陪，不过对方安排的别克GL8还是归自己调配的。司机一直在酒店待命，昨日一天没开车白赚800元，心里很过意不去，今天接到客户指令反而舒心许多，一路热情地介绍长沙的风土人情、景区和典故。结果到了橘子洲头，公园封闭了，说是昨夜下了暴雨，湘江上游的雨势更大，水位猛地上来了。姜延便吩咐司机往岳麓山去，他们想看看爱晚亭和岳麓书院。

到停车场后，吴桐杉困了，她说自己去过两次，要留在车上睡觉，于是姜延和袁媛陪同卫燕北游逛。岳麓山绿化相当好，浓荫匝地，鸟语花香，气温刚刚好，还有阵阵凉风。没有颠簸，吴桐杉反而睡不着了。她想闭目养神，可光线还是太刺眼，便索性和司机闲聊起来：

"长沙有什么好玩的?"

司机介绍了一大堆,什么博物馆、购物广场,吴桐杉都没什么兴趣,懒洋洋的。

她干脆问道:"有没有什么男人爱玩的地方啊?"

"男人爱玩的地方?"司机重复了一遍吴桐杉的话,以确认自己没听错。

"对,男人爱玩的地方。什么夜总会、会所之类,越放得开越好。"

司机一听就明白了,这位姑娘是想拉客户下水啊。他见吴桐杉穿着大胆,言谈也十分直率,便一股脑儿把自己知道的都讲了出来,甚至把手机里保存的一些平时用不上的电话号码都给了吴桐杉。

从岳麓书院出来,他们回酒店休息到晚饭时刻,吴桐杉来找卫燕北,说姜延她们要继续睡不吃晚饭了,她要带他去个好地方。他们简单地用过餐后打车去了司机下午推荐的地方。卫燕北在东北时也去过这些地方,并不足为奇,只是头一回被女销售带着过来,还是有些不适应,之前姜延都没和他一起去过这些场所。

这家夜总会相当火爆和大胆,里面的女孩子完全不顾忌现场还有女客。不过卫燕北反而喜欢跟吴桐杉聊天。吴桐杉以为他被那些女孩子吓着了,于是不到十一点便带他回了酒店。

到酒店后,吴桐杉便回房休息了。这时的卫燕北情绪才刚刚被调动起来,他正不知怎么度过今晚,那家做"防统方"的厂商销售代表来电话了,要来接他去喝两杯,便答应了。卫燕北说酒还是免了,找个地方休息聊聊天,小伙子便把他带到了一家洗浴中心。

回到房间后一点多了,手机上显示吴桐杉来电,他一阵惊喜,同时又觉得懊悔,真不应该出去耗费体力。电话响到第六次振铃,他终于接了，原来吴桐杉只是邀请他去打牌，姜延刚夜宵回来，三人正元气满满呢。他拒绝了，说困死了，他真的累了。

……

回到上海后不久，院长正式宣布南院区开工，同时建设四栋大楼。信息化方面，排在第一位的当然是智能化布线项目，这可是千万级的项目，也是申西科技推荐卫燕北去共济医院的主要原因，他们早就知道新院区的建设规划了，布局不可谓不早。

这样的大项目应该是院长或副院长说了算。卫燕北特意了解过院内以往的大项目情况，确认高院长本人确实不直接管信息化建设，而是分管信息化的诸杏文副院长决策。他是高院长面试来的，和副院长交往不多，从"防统方"项目看起来，诸院长还是支持他的工作的，什么意见也没提出，只是签字。申西科技和院长、副院长都熟悉，这个项目给他们应该是大概率事件。卫燕北便没有多想。吴桐杉每次来访，他都说你们还有什么好担忧的呢？可吴桐杉似乎还有很多顾虑。

她常带给卫燕北一些小礼物，夏天的水蜜桃，秋天的大闸蟹，或者给他老婆买些进口化妆品，花钱不多但考虑周到，让卫燕北很过意不去。不过吴桐杉知道，作为销售需要通盘考虑，卫燕北跟姜延、赵总的交情都远胜于自己，光靠这些小心思不足以将客户真正接管过来，不做改变，自己就相当于一个助理。她从事销售工作之初，师傅告诉过她，与其讨好客户倒不如打破其"坚硬外壳"，暴露其柔软的内心，才能建立真正的客户关系。

她了解过，卫燕北并非油盐不进，他跟那些小公司的男销售就没那么端着了。看来就是不想落什么把柄在自己手中，大概是他与申西科技上下都太熟悉了，多少有些忌惮。她复盘了自己与卫燕北交往的整个过程，认为这种策略无效，卫燕北和她在一起时对玩乐根本没兴趣。

七月有一场全国卫生信息大会在大连举行，和长沙的会议类似。各大医院信息科主任也都去了，卫燕北照例在会场听了一天，剩余两天在大连访友与游玩。吴桐杉事先与姜延沟通过，这次她单独接待卫燕北。卫燕北去过几次大连，但一直没能去旅顺，而吴桐杉从没去过大连，她早早地和他约好了，第二天包车去旅顺。旅顺口的景区有很多战争遗迹。参观完后，回到市区还早，吴桐杉便说自己住的酒店有个行政酒廊不错，可以一边看海景一边喝酒，里面还提供餐食，关键是人少。

卫燕北进了酒店，就觉得在国内什么景点都不如酒店好，四季恒温，各种设施齐备，好吃好玩，何必跑来跑去呢？行政酒廊的人确实很少，只有他俩。高大的落地窗正对着大海，阳光照耀着整个大厅却丝毫不觉得热。室内冷气太足了，完全体验不到这是夏天，倒像是秋日的暖阳。吴桐杉点了两份西式套餐，要了两杯威士忌。

用完餐，就着酒，卫燕北的话开始多了起来。

夕阳西下，海面上一轮红日将天空映照成金黄色，吴桐杉的脸色绯红，卫燕北道："真没想到，你也有这么多经历，看起来顶多25岁。知道你现在的脸色多好看吗？"

"是吗？"吴桐杉有些醉了，掏出包里的小镜子看了看，她自己也觉得满意，不但色泽好，皮肤也紧绷，粉粉的就像打了腮红。

太阳坠入海里，窗外暗淡下来，室内的灯光显得更明亮了，不知不觉中，行政酒廊里已经来了不少人。旁边也坐了几个，胸口还挂着吊牌，看起来像是刚从卫生信息大会的会场回来的。卫燕北说另外找个时间喝茶聊天呗，吴桐杉便说去自己房间喝吧。她住的是套房，楼层高，客厅里就可以看到璀璨的城市夜景。

吴桐杉进电梯时高跟鞋有点滑，卫燕北便扶了一下她的腰。电梯里暧昧的空气让卫燕北又回想起两个月前在长沙的场景。

酒店的走廊很长很长，吴桐杉住在最里面的一间，她没喝多少，却醉得很厉害的样子，卫燕北只得一直搂着她的腰。进门后，她便转身抱住了卫燕北……

回到上海后，忙碌的工作开始了。卫燕北让董潇准备招标材料，董潇便找吴桐杉要了一些资料参照着来写。成稿时，董潇说申西智能比上次好说话多了，没逼迫甲方把资质要求写那么死，否则都很难找得到陪标的公司。卫燕北发给吴桐杉确认，很快就回复了。申西科技这边的技术和商务人员都确认过没意见，便提交院里和医管中心去审核了。随后医管中心会交给招标公司发标书。

两周后招标书发出，当天他却接到申西科技赵总的电话，说公司发生点小变化，之前的方案被即将离职的员工做过手脚，要求他想办法废止共济医院新院区弱电智能化项目的招标书。原来，就在几天前，申西科技医卫事业部有一半员工离职，其中也包括吴桐杉、姜延，集体加入了另外一家弱电智能化上市公司——翼向智能。姜延成为翼向智能医疗卫生事业部的副总经理，分管销售，而吴桐杉则是东区的销售总监。

这是一个惊人的消息，"怎么从来没听她说起过？一点迹象都没有。"卫燕北吃了一惊。

他立即给吴桐杉打电话："吴总，恭喜高就啊。"

吴桐杉知道他话里有话，约了见面谈。茶馆、咖啡厅都不方便，便找了个停车场，在卫燕北的车里谈。

她说自己之所以没有告诉卫燕北，是因为他和申西公司的关系，事情没到这一步，就无法说明白。说到底，卫燕北和申西的关系，还是起源于姜延，他和赵总也不算太熟，姜延当时推荐其他人，赵总也会推荐给高院长的。话虽如此，卫燕北毕竟是当事人，从道义上来说他应该领申西公司的情，而不是姜延的。

"你让我怎么办？"他愤怒地说道，"你们在招标书中做了手脚，资质要求都是按翼向定制的吧？怪不得董潇说这次申西没完全按自己的资质来写，原来我们都被你忽悠了。"

吴桐杉没有否认，她说："我们团队几个月前就跟翼向谈好了，共济医院的项目，是他们点名要的。我之所以能成为东区的负责人，也是因为你们院的项目。"

"你把我当作投名状了？"卫燕北更加愤怒了。

"我没有选择。姜延不可能让我留在申西，大家都是一个团队的，共进共退。我们在申西本来就被排挤。"

卫燕北脑子乱乱的，只能想到哪说到哪，毕竟他不是事情的主导方，是完全被动的。"至少，从大连回来后，你总该给我交底吧？"卫燕北低声道，似乎在婉转地提示他们之间的关系。

"我想过啊，可这样你不就更难向赵总交代了吗？"吴桐杉也放低了声量。

"我要早知道，就不能让你把标书写成翼向的！"卫燕北坚定地说。

"那样你是讲义气了，我怎么办？"吴桐杉道。

"你们销售人员都按规矩来，诚信经营，单子迟早都能拿到的。"

"哼，笑话，诚信经营，当我大学刚毕业啊？哪个项目是公平公正得来的？你们哪个单子是招标后才知道结果的？卫主任，您是事业编，哪能体会到我们小销售的苦衷啊,我几个月不开单,就会被公司开除,我熬到今天这一步容易吗?你是在给我做销售培训吗?"吴桐杉的伶牙俐齿一点都不虚。

"不管怎样,这个标书都要修改,就是投了标,也要废掉重新来过。"

"我建议你什么都不要做,保持现状就好。"吴桐杉冷静地说道,"你来上海不到一年,告诉你几个情况:第一,申西和区领导的关系你是知道的,现在区里有领导被双规了,申西自身难保。第二,你摸清楚高院长和诸院长的路数了吗?第三,去年有9家医院的信息科主任被传唤,有的24小时内就回家了,是因为有院长保他们,然后另外有3个没人管的坐牢了。卫主任觉得万一遇到这种情况,是高院长保你呢,还是诸院长?信息科主任在院内地位不算高吧?围标串标算不算违法?只要愿意查,都会有问题的。"

卫燕北气得说不出话来。吴桐杉便主动缓和气氛,安抚他几句:"赵总那边,申西内部的事情还搞不定呢,废标的事只是说说而已。他是通过姜延才认识你的,怎么会不知道你和姜延的交情?"另外,她还强调一点:申西中标的话,他的经济利益很少,接近于无,而翼向中标的话将会按"行情"感谢他。

卫燕北关心的不是这个,继续抱怨道:"不管怎么说,你给我提交材料的时候,是在申西供职,怎么能写成翼向的资质呢?这不符合职场规则。我们医院里,诸院长是分管副院长,他的意见也是很重要的。"

"这时候才想起诸院长来?之前递交招标材料时,你有和他讨论供应商的情况吗?去年入职的时候,你有特意拜会过诸院长吗?"

卫燕北没说话。但他没那么傻,去年来到共济医院后,多次主动找过诸院长,向他靠近,了解他对一些项目的看法,可对方没有发表过任何意见，所以他就一直没看懂诸院长这个人。

这次对话后，卫燕北对吴桐杉有了新的认识，之前只是觉得她小有心计，现在有点怕她了，就像怕自己的妻子一样。回家路上他给姜延打了个电话，事情已经很清楚了，无非是诉苦。姜延和吴桐杉的想法一致，要卫燕北帮翼向拿到这个项目，她认为申西有很多问题自顾不暇，医院高层应该没什么障碍。燕北听她这么讲，也就不多说了，此时他和吴桐杉的亲密关系，远远超越了他和姜延的友谊。吴桐杉和姜延是一伙的，目标也是一致的，他这个电话无非起个确证的作用。他又问起申西公司和诸院长的关系如何，姜延答道："其实我也搞不懂诸院长这个人，他相当内敛，也许桐杉了解多一些吧。申西和共济的合作一直是通过高院长，但现在申西出这么多事情，高院长肯定也要避嫌，他跟翼向的关系也不错。"

招标公示有一周时间，公示结束到投标、开标则有两周时间，这是卫燕北一年中最难熬的日子。他恨不得马上就出结果，但不能够，这已经是最快的流程了。

公示期间，申西新来的销售整天缠着他要求改标书，说是赵总的要求，他答复说没办法，"这是你们公司内部的事，吴桐杉在申西时提供的材料，我现在去修改，就违规了。"

他几乎不敢去办公室，只能接电话。还有各色人等来找他，说自己和院长或者市里有什么关系，卫燕北只听，不发表见解。翼向的资质要求和评分办法都写得比较巧妙，因此质疑的声音都很好地被挡了回去。

申西赵总又给卫燕北打过一次电话，他这个层面的老板，常和厅局级领导打交道，为了项目两次打电话给一个科长，算是很大面子了。卫燕北答复说一定会找领导想办法。卫燕北去高院长和诸院长办公室分别汇报过一次项目进展，试探态度，但他们什么信息都没透露，只说要"尽快顺利完成"。这是典型的领导用语，怎么解读都可以，卫燕北便解释为以不变应万变。

招标书公示结束后，卫燕北安排自己出了一趟差，其间让董潇接待供应商咨询，回上海后又去其他三甲兄弟医院学习参观，算是避嫌。好不容易才熬到投标前两天，结果被吴桐杉一阵"连环夺命Call"约了出来，见面地点还是在停车场，在车里谈。

"申西公司在反扑，他们和招标公司打好招呼了，准备联合专家在评标环节否决业主的意见，给申西打高分，给翼向降分。你明天要把招标公司推荐的专家组长否决掉，换成支持我们的。"吴桐杉说道。

"你是怎么知道这个消息的？专家是随机产生的？"卫燕北反问道。

"你把我当小孩子哄啊？还随机产生？一般来说，招标公司会挑出一个专家做组长，然后其他成员是随机选的，但组长可以否决其他成员，这样形成的评标专家组基本上都是听组长的。专家分好几个圈子，有的是领头的，有的只是年轻小专家，我们平时都有联系。这次给我们报信的就是一个去年才加入专家库的小专家。按规矩，招标公司明天就会把组长名字透露给业主方，也就是你。"

卫燕北默然，他当然知道里面的规矩，没想到吴桐杉和他一样清楚，而且在专家库里还有这么多眼线。

"上次不是说什么都不动就好吗？我这几个星期帮你挡了多少事，赵总都给我打过几个电话。否决招标公司的专家提名，这不好吧？"

"燕北，都这个时候了，你跟我打官话？"吴桐杉急了，她递给他一张字条，上面有几个专家的名字，编排了顺序，"你就按这个顺序推荐，招标公司最终还是听业主的。"

卫燕北不置可否，吴桐杉侧过身来抱着他撒娇道："都三个星期了，院长们都没发话，对这个项目影响力最大的就是你了。就帮我这一次嘛，该给你的一定会给你，不该给你的也给你了。人家到新公司总要开单，要不怎么做大区经理啊？"

第二天，招标公司果然与卫燕北商议专家人选，他便照吴桐杉说的做了。投标截止后立即唱标。有8家公司参加了投标，其中多数是烟幕弹，是翼向和申西找来陪标的。唱标后，申西科技的价格最低，幸好差距不大，可以通过其他分数踢掉。评标时间是第二天下午。

卫燕北觉得这一个月来太煎熬，幸好明天就可以解脱了。回到家，他什么也没想，开始辅导起孩子功课来。孩子睡后，他去书房研究明天的评分办法，记住那些评标关键点，晚上十一点，他接到了诸院长的电话："关于这次投标，我和高院长还在讨论中。申西之前的综合布线、智能化工程搞得都不错，应该更多地考虑两个院区之间的平滑对接，不过还没最终定下来，明天上午与你沟通。"

两位院长怎么突然参与进来了？原来牌不在自己手中，一转眼，自己反而成了别人操纵的棋子。怎么办？卫燕北顿时觉得压力很大，这份工作并不好做。不过还能怎么办？如果领导们确定选申西的话，只能辜负吴桐杉和姜延了，反正申西价格最低，专家在自己手上，怎么说都可以。

过了零点，他正准备回房休息，吴桐杉也来电话了，叫他别信诸院长的，按原计划进行。

"怎么回事？你怎么知道诸院长给我打过电话？"

"刚才他是不是说和高院长在讨论，让你明天上午等结果啊？"吴桐杉道。

卫燕北吃了一惊，她怎么会知道？但还是故作镇定地说道："还真够惊心动魄的。你们搞什么？"

"搞什么？你想搞什么，他就想搞什么。我只是告诉你，如果他明天继续选申西，麻烦给我打个电话。哼，否则，就要出大事了。"吴桐杉冷冷地说道。

"别给我打哑谜。怎么回事？！"卫燕北嘴上这么说，心里直打鼓，吴桐杉说的"否则"，针对诸院长呢？还是自己？或者都针对？唉，吴桐杉真是的，话也不说清楚。

"别管。他明天会给你打电话的。"

卫燕北一夜没睡好，第二天早上去医院上班，发现高院长出差了，诸院长不在院内，等到十一点半，终于接到诸院长的来电："了解到申西最近也有些变化，医院管理层的意思，还是严格按照评标办法来吧，我们业主不额外发表意见。"

于是翼向中标了，下午发布结果并开始为期一周的公示。申西第二天上午就提出了质疑，并向医管中心投诉：他们作为共济医院的既有集成商，在项目实施上有便利，在技术上有优势，价格又最低，技术和资质得分明显不合理。

卫燕北先去了诸院长办公室做了汇报，然后又去拜会了高院长。两位领导都很忙，说项目是由招标公司按公开公平公正原则评出来的，正常回应就好，关键是把握进度，确保项目不拖后腿，新院区不能因为信息化的原因延期交付使用。

紧接着，他召见申西的销售代表，名为表达院方意见，实则探听消息。申西的销售是一个年轻的小伙子，一副受害者模样，哭丧着脸。卫燕北安抚说，给他安排了老院区的改造和维保项目，下个月就下来了。申西内部确实忙乱，赵总前段时间两度被带走配合调查，和区长的案子相关，所以他能抽出时间给卫燕北打两个电话已属奇迹。看样子，申西一整年都缓不过劲来，卫燕北便松了口气，负疚感顿时减轻了许多。

他又找了个时间问吴桐杉，诸院长那天晚上怎么回事？她始终不说细节，只讲肯定能控制住局面，没有人能推翻招标结果。卫燕北便觉着奇怪，招标公司、评标专家组、医院、医管中心，整个事情的中枢应该是自己啊，为什么她比甲方还有把握？

公示期结束，吴桐杉和姜延代表翼向公司宴请卫燕北，在虹桥一家日料店的包厢里。卫燕北叫上董潇和王晶晶一同前去。出发前，王晶晶无意中说了一句："还是两年前那家店啊，挺贵的，人均上千了。"

"两年前？"卫燕北问，他记得两年前共济医院信息科主任是空缺的，直到自己到岗。

"哦，是诸院长带我们来的。"董潇补充道。

卫燕北意识到，诸院长和吴桐杉及姜延的关系，都不像他们说的那么简单。之后他常常为那年夏天大连之行的冲动而忏悔，他不知道，这时的被动只是刚刚开始。

弱电智能化项目持续时间很长，土建时就得跟进，院区交付后还有很多事要收尾。翼向智能和申西科技当年一样，入场后就和共济医院形成了一段延续好几年的合作关系，各层面都熟络了起来。卫燕北之后把重点放在软硬件信息系统上，招标交换机、防火墙、服务器、存储、终端、自助挂号机、打印机、HIS、PACS、LIS等等，他吸取了之前的教训，谨慎了许多。

吴桐杉拿下共济医院项目后声名大振，后续又接了几家医院以及政府行业的项目，成了翼向智能的资深销售。几年后她搬了家，置换了大平层。卫燕北与她的关系退回到好友状态。

而申西科技之后发生了多次重组事件，赵总逃过牢狱之灾，淡出了公司经营管理活动，他丧失了大部分股份，名字只偶尔出现在年报里。不过申西毕竟是上市公司，主营方向也颇有竞争力，新股东进驻后，几乎更换了全部的高管，又注入了资金和新的业务，比如智慧城市、智慧养老，渐渐焕发了新的活力。数年之后的申西公司，随着新员工的不断加入，办公地点的更换，以及营业范围的扩大，几乎成了另外一家公司，只有公司名还能让人想起它曾经遭受的波折。

2018年，某政府机关审计出一个信息化项目的漏洞，查出一位信息技术处处长的违规事件，从而牵连出行贿人吴桐杉，她被移交公安机关查办，翼向智能宣布将她除名。姜延也引咎辞职，据说和不少同事一样，在最后截止日期前，退还了"不当所得"，私下和解了。

卫燕北回顾了之前和吴桐杉交往的点点滴滴，看看有什么漏洞。上次的项目结束后，吴桐杉要把钱给他，他与自己的内心抗争了很久，终于还是拒绝了。吴桐杉便说："我帮你理财吧，等你买二套房要用钱的时候再说。"在吴桐杉被羁押的那段日子里，他常常在头脑中预演"庭审"，有检方，有吴桐杉，还有其他人，一遍遍地修正自己的辩解词。万一吴桐杉熬不住，把他说出来，自己就这么应对。"唉，大概是想多了，应该不至于。"他总是这么安慰自己。

两个月后吴桐杉出来了，取保候审，交了很多很多钱，就是被指控的那个金额。可诸院长却进去了，传言很盛，说是诸院长和吴桐杉有不正当关系，搞错了吧？怎么回事？

他终于联系到吴桐杉，和她见了一面。她说自己将会被判缓刑，保证金就是没收款加罚金。共济医院的弱电智能化项目当然是调查重点，她没有提及和卫燕北的关系，但诸院长却因为这事进去了。

原来，吴桐杉和诸院长确实有"关系"，而且十年前就开始了。2012年，吴桐杉和诸院长产生了矛盾，诸表示不愿意在新院区项目上出力，她才将工作重点转向了卫燕北。

"你要小心，从那次新院区智能化项目后，诸就对你有意见，想找人取代你，不过一直未能执行而已。"吴桐杉说道。办案人员已经掌握了诸的一些其他情况，而且有他们私密关系的证据，她没有办法，只能招认了。"他很腹黑，你要反思一下，有无把柄抓在他手中。还记得吗？当年评标前那天晚上，他给你打电话说准备选申西，其实并不是和高院长商量，而是与我讨价还价。申西做通了他的工作，价码比翼向高很多，我不可能给他那么些钱，否则我在翼向就失去了价值。那天晚上和他谈崩了，他说知道我们在搞什么猫腻，从招标要求上就能看出来，便当我的面给你打电话了。"

"为啥他第二天又同意了？"

"那是因为半夜里我给他发了一张照片，他不同意就传网上，大家都完蛋。"

"什么照片？"

"你说什么照片，当然是和他在一起的那种照片了。"

"啊?"卫燕北心里一惊,担心自己也有同样的遭遇。

"你放心,没有你的。诸院和我,是办案人员之前通过别的途径了解到的,认不认他们都有证据,只能认。该说的都说了,所以我才能出来。"

"诸院长的案子会怎么发展?"

"我不知道。他的社会关系很复杂,认识的达官贵人很多,我只揪住他一截小辫子而已。我从公司提取钱出来,是现金交给诸的,所以没有任何证据。现在我承认钱全部私吞了,并没有给诸,就像没有给你一样。翼向公司想大事化小,说这是员工个人行为,钱当作奖金发给我了,并没有监控员工用这笔钱做什么用途。发高额奖金是管理上的失误,事实上造成了员工行贿客户的可能。我老公已经七拼八凑把钱交上去了,只要诸不认就都不成立。他是个老狐狸,当然不会认,事先都演练过的。"

卫燕北又问,里面会有牵涉自己的事件吗?

吴桐杉道:"警方询问的就是这些。但只知道,你在运作后续的网络、数据中心、软件项目时,诸都采用了'螳螂捕蝉黄雀在后'的招数。"

"怎么讲?"

"就是你选好品牌选好供应商之后,这些供应商为了保险起见,都会再去找诸,诸看哪家公司能成,就向哪家公司提要求,甚至为了保险,等他们中标后再提。当然不一定是钱,也可能提其他小要求,你懂的。"

"我倒是有所耳闻,不过这事和我没有关联吧?"

"嗯,如果你跟这些商家没关系,就没有问题。"

卫燕北心里直打鼓,又不好说,就问她打算怎么办?吴桐杉叹了口气,说:"不知道,也许会离婚吧,毕竟人家面子上挂不住。"

随后的几天，卫燕北惶惶不可终日，他回顾了一遍自己加入共济医院以来的所有项目，甚至在内蒙古经手的事。从事信息化工作十多年了，怎么可能不涉及一点利益呢？哪些人是可靠的，哪些人有可能出问题呢？

他与吴桐杉见面后大约一周，诸院长回来了。医管中心宣布将他调离共济医院，院内纷纷传闻他有生活作风和经济问题，但后台关系硬得很，所以只认了作风问题，平调某区卫健委任虚职。卫燕北听闻后，松了一口气。

可事实上没有那么乐观，该来的还是会来。当天晚上，派出所上门传唤他去协作调查。这也很好理解，事情已经风言风语了，他作为医院信息化的实际操作人，当然要协作调查。他被带到指定地点后，才发现没那么简单。原来，诸院长为了立功脱罪，指控他这个信息科主任收受了供应商的经济贿赂，还指认了行贿人。行贿人和卫燕北同时受审，就在隔壁。

审讯持续了一整夜，第二天早上，审讯人员说对方已经招供了，行贿金额近50万。卫燕北否认，警察出具了那个销售的报销凭证复印件，一共40多万，全部当作办公场所的装修费用，而同期该公司并无此项装修活动。口供上写着，以上装修费用均为共济医院信息科主任卫燕北位于临港新城的联排别墅装修费用，还附有地址，然后是签字画押。

卫燕北看着那些凭证，头晕目眩，强忍着坐下来，喝了一口水。实际花费应该是七八十万，他记得对方说过，账目上是安全的。确实，不查账都是没有问题的，当作他们公司的装修费而已，可是审讯起来就出问题了。他不知道对方是如何供认的，按说这些事完全可以否认啊，他一直认为对方是最可靠的。

下午，警方又给他提供了些信息，说对方公司涉及一系列案子，这一件算是小的，但证据确凿，如果他主动配合，今晚之前供认的话，法院也许会酌情减轻处罚，刑期应该在两年以内。如果能检举其他人的话算立功，比如之前的吴桐杉还没结案呢。卫燕北点了点头，说道："我签字。"

后　记

没有永远的销售高手，要适时进阶转型

总有人问："IT 销售的最终出路在哪里？"

这跟"IT 工程师的出路在哪里？"是一个类型的问题。不知为什么，在国内有几种职业总是被人定义为吃"青春饭"，而在西方国家却可以一直工作到 65 岁甚至更老，比如 IT 工程师、销售代表、护士、演员等。实际上在国内也有这样的例子，只不过大家很少看到而已。这是因为国内有人口红利，年轻人薪资低，有效工作时间长，做基础工作当然合算，企业只要有可能找到年轻人，当然就不选年纪大的。IT 领域每年新增大量应届毕业生，也拉低了整个行业的年龄，其实很多公司年龄大的员工还在，只是新人增加太多而已。

不过人们还是会发现，许多销售代表随着年龄增长都退出了销售领域。销售转型后的出路主要有以下几个：

一是晋升。优秀的销售晋升为销售经理，转为管理岗。如果我们稍做了解就会发现，许多公司的高管甚至 CEO 都是从销售晋升而来，而且我们很难想象营销副总裁、市场总监、销售总监这样的岗位由毫无销售经验的人来担任。

二是创业。销售人员从业数年后，有自己的客户资源，有上下游资源，很容易自主创业。市场上大多数经销商、集成商的老板都是大公司的销售出身。某些大厂商有鉴于此，为了不让销售带走公司客户资源，避免销售辞职创业，以维持对员工的绝对控制力，会禁止销售人员在一个区域连续工作时间太长，三年五年就得调走。我有个同事辞职后，为了遵守竞业协议而剑走偏锋，专做洗浴行业的信息化，帮客户做网络，开发 APP 等，生意也很红火。

三是转行。这个变化比较大，规律性不强：

大约十年前，有个经销商放弃了 IT 行业，饲养名贵宠物并出售它们。

我有个同事辞职后去他岳父的公司当 CEO，这家公司是做瓷砖的，不过他毕竟还是 IT 出身，会利用互联网开拓国际市场，每天晚上与境外客户视频会议。不过从技术角度来看，除了还懂得视频协议是 H.264 之外，就与 IT 没什么关系了。

同事中还有位网管软件开发团队的领导，辞职开了一家茶馆，他的茶馆 Wi-Fi 体验比较好。

我自己也在离开华为后，在一家初创的生物医学公司负责公司的运营。虽说其中的生物医学大数据业务和 IT 有一定关系，但公司营业收入主要来自医学检测领域，所以也算是彻底转行。

如果在一家公司长期做一线销售工作，那么一定要记住一点：由于各种因素的变化，没有永远的销售高手。在自己业绩最好的年份，一定要把握机遇，及时精进，否则来年换个主管，自己的"地盘"和资源都变了，再想成为销售高手或升职就难了。

销售和技术工作一样，都是专业性较强的岗位，所以在有些大公司，这两个工种都有单独的升级通道，而不是必须要挤到管理岗位上才能提升级别和收入水平。技术工作有助理工程师、工程师、高级工程师、专家、科学家、首席科学家等专业"职称"，但都不是领导岗位；销售也一样，有销售助理、销售代表、高级销售代表、销售专家、高级销售专家等专业"职称"。

销售高手成为销售主管的可能性很大。多数销售主管也是在一线打拼跟客户打交道的，本书所讲的抓客户痛点、内部沟通、三板斧、怎样让客户说人话、销售阶段管理等对他们来说仍然是适用的。但要转成彻底的管理岗位，就不是本书讨论的范围了。前面多次提到，升职需要另外一套逻辑。做领导做管理要求的素质、技能、手段和成为销售高手还是有很大差别的，写一本教人怎样才能成为领导的书大概是不合适的。管理培训、干部培训也是讲如何做好管理，做好干部，领导者应该具备什么样的素质，而不是讲如何才能从被管理者"蝶变"成为管理者。即便有这样的"秘籍"，大概也是口口相传，而不会成为教材。

技术、知识可以传递，但任职能力评估是非常主观的，必须要靠实践去证明。如果有读者定要我讲一条如何成为领导的"途径"的话，我只能说"首先要看起来像个领导"，这可能是最接近答案的一句话了。在升职之前，"看起来像个领导"似乎很搞笑，但真的很重要，因为他的上级未必真正了解他，人与人之间的交流是有限的，上级只能看到他的"脸"。有人觉得某些领导"德不配位"，也是他成为领导之后，了解他之后才这么说的。事实上，换作他人也可能"德不配位"。不管怎样，每个人为自己争取机会总不会错。